KB070871

엄마라는 아이

준비 없이 엄마로 살아가는
모든 여성을 위한 마음 수업

엄마라는 아이

박성만 지음

추수밭

'엄마로 살아가는 아이들'의
행복 찾기 수업

"엄마가 행복해야 자녀가 행복합니다." 엄마들은 이런 말을 귀가 닳도록 들어왔다. 하지만 엄마들은 이렇게 되묻고 싶다. "어떻게 하면 저희들이 행복해질 수 있을까요?"

행복은 정말 어렵다. 행복할 수만 있다면 세상에 뭔 걱정이 있겠는가. 엄마의 마음은 자신은 행복하지 않아도 좋으니 그저 자녀만큼은 행복한 사람으로 키우고 싶은 것이다. 그게 미덕인 줄 알고 살아왔다. 그런데 엄마가 먼저 행복하라고?

부모교육 강사들은 자기들도 못하는 세상에서 가장 어려운 숙제를 엄마들의 가슴에 밀어 넣었다. 강의실을 가득 메운 엄마들은 고개를 끄덕였으나 얼굴에는 그늘이 돌았고, 마치 죄인이 된 것처럼 고개를 푹 숙였다. "행복하지 못한 것이 자녀들에게 죄를 짓는 거구나……" 강사는 자기만족의 화사한 표정을 짓고 강의실을 빠져나갔다. 하지만 그들도 집에 가서는 자신의 자녀들과 씨름할 것이다.

아이들의 심성은 언제 어떤 과정을 통하여 그 기초가 마련되는가? 대상관계 심리학에서는 만 3세 이전으로 본다. 3세 이후부터 취학 전까지는 이미 만들어진 성격의 심리적 기초 위에 사회화를 위한 구체적 행동을 배운다. 따라서 엄마와의 상호작용이 자녀들의 성격이나 성향을 결정하는 데 매우 중요하다는 것이 심리학의 중론이다.

아이들을 잘 키워보기 위해 심리학책을 읽어보거나 부모교육 강의를 들어본 엄마들은 상당한 도움을 받는다. 하지만 마음 한 구석에는 이전에 잘하지 못했다는 자책감과 내가 더 잘해야 한다는 압박감을 상당히 받게 된다. 돌이켜보면 잘한 것보다는 잘못한 것이 더 크게 느껴진다. 그것이 엄마의 마음이다.

어떤 엄마의 변이다.

"대학 다니는 우리 딸이 심리학 관련 책을 읽고 있는 것을 보면 불편해집니다. 다 읽고 나면 마음에 들지 않는 자기의 성격

한두 가지를 꼬집어 엄마 때문이라고 기분 나쁜 몇 마디를 훈계하듯 던집니다. 너도 엄마 되어보라고, 그게 다 공부한 대로 되는 것이 아니라고 반론을 펴지만 상처는 제가 받습니다. 자녀 낳고 최선을 다하지 않는 엄마가 어디 있겠습니까?"

상담실에서 만나본 많은 내담자 분들은 엄마와의 만족스럽지 못한 관계에 대해 이야기한다. 그러면서 자신이 이런 문제를 겪게 된 것은 엄마의 부족했던 양육 방식 때문이라며 엄마에게 화살을 돌리기도 한다. 그럴 때마다 나는 마음속으로 이런 말을 한다.

'엄마도 힘들다. 할 수 있는 최선의 것을 퍼주고도 더 받지 못했다고 투정하는 자녀들 때문에 힘들다. 자녀들이 인생의 힘든 순간에 그것이 마치 엄마 때문인 것처럼 기억을 더듬어 불평할 때에 엄마도 힘들다. 엄마는 신이 아니다. 지금 당신이 엄마에게 불평하는 것처럼 엄마도 할 말이 많다는 것을 아는가?'

지난 10여 년 동안 대상관계 심리학을 강의하면서 엄마와 자녀와의 관계에 대해 많은 이야기를 했다. 좋은 부모가 되는 것과 아이를 잘 키우기 위한 양육 방식에 대해 이야기했고, 이는 엄마들에게 칭찬보다는 질책을 부르게 했다. 엄마들은 심리학 앞에서는 고개를 숙인 죄인이 된다. 자녀 양육에 있어서 엄마는 항상 부족하다는 생각을 가지고 있었는데, 자녀들의 모든 문제가 결국 엄마 때문인 것처럼 받아들이게 하기 때문이다. 사실 그래야 엄마들도 마음이 편해진다.

나의 상담실에는 엄마를 나쁘게 만들어 자신의 아픔을 피해 가려는 내담자들의 이야기가 산처럼 쌓여 있다. 나는 이들과 상담을 거듭하면서 과거 엄마와의 나쁜 기억을 치유하고 엄마에 대한 새로운 이해가 마음 깊은 곳에서 생기도록 돕는다. 상담이 끝나면 그들은 엄마가 신이 아니라 평범하고 연약한 여성에 불과하다는 진실을 발견한다. 그때서야 자녀는 철이 든다.

엄마는 미리 연습하고 되는 것이 아니다. 아이를 낳는 동시에 어쩌다가 엄마가 된다. 산모들은 자체 보존의 능력이 전혀 없는 갓난아기를 품에 안고 활짝 웃는다. 그러나 그 웃음 뒤에는 이 아이를 어떻게 키워야 하나, 하는 깊은 걱정이 있다.

좋은 엄마가 되기 위한 아무리 좋은 책이나 강의도 완벽한 엄마로 만들어주거나, 엄마의 고통을 덜어주지는 않는다. 엄마 됨을 배우는 과정은 고통스럽다. 왜? 엄마의 마음에는 아직도 돌봄이 필요한 아이가 있기 때문이다. 이 아이의 이름은 '엄마라는 아이'이다.

엄마는 겉으로는 "괜찮아" 하지만 속에 있는 엄마라는 아이는 '괜찮지 않아' 하며 울먹인다. 엄마는 자식에게 아낌없이 퍼주는 것을 기쁨이라 하지만, 엄마라는 아이는 빼앗긴 무엇 때문에 슬프다. 많은 여성들이 엄마 수업을 마음속 아이의 욕구를 억압하고 인내심을 키우는 수련으로 알고 있다. 나중에 그 아이가 대대적인 반란을 일으켜 엄마를 우울하게 만들어도 그것이 곧 좋은 엄마의 길인 줄 안다. 그때는 너무 늦었다.

모든 엄마들은 마음속 '엄마라는 아이'를 잘 달래야 자신은 물론 엄마로서도 원숙해진다. 외적 아이인 자녀들에게만 집착하는한, 엄마와 자녀 모두의 행복은 멀어진다. 한쪽이 다른 한쪽을 위하여 전적으로 희생하는 것은 아주 나쁜 결과를 가져온다. 희생한 쪽은 허탈감, 희생을 받은 쪽은 미성숙을 안고 산다. 엄마는 '엄마라는 아이'의 욕구를 살피고 충족시켜주어야 자녀에 대한 일방적 태도에서 벗어나 상호 보완적인 관계를 맺을 수 있다.

엄마도 속에서부터 꺼내고 싶은 이야기가 있다. 그 이야기는 그동안 외면당한 '엄마라는 아이'의 울음 섞인 목소리다. 잘 들어만 주어도 그 아이는 치유되고 성장한다. 나는 엄마 수업이란 성공적인 육아나 교육법을 전하는 것이 아닌 바로 엄마 자신의 이야기를 듣는 것이라고 정의한다. 이 책은 아직 자녀나 남편에게 고백하지 못했던, 어느 누구에게도 털어놓을 수 없었던 '엄마라는 아이'의 상처를 감싸고 치유하는 수업이다.

'엄마라는 아이'의 목소리에 생동감 넘치는 인격을 부여하고자 필자의 여러 상담사례 및 그 밖의 다른 경험들을 모으고 그 위에 필자의 상상력을 덧칠했다. 따라서 이 책은 객관적 사실을 심리적·문학적으로 재구성한 이야기다.

엄마의 역할에 지친 여성들에게, 엄마를 준비하는 여성들에게, 엄마를 이해하고 싶은 자녀들에게, 아내의 짐을 덜어주고 싶은 남편들에게, 이 책을 권한다.

2017년 1월
분당, 가나심리치료연구소에서
박성만

엄마 마음
안아주기

엄마도 사랑을 받아야 사랑할 수 있다

엄마 마음
내려놓기
'엄마'라는 부담을 덜어내야 행복을 찾는다

엄마 마음 다스리기

갑작스러운 시련 앞에서 엄마는 더욱 단단해진다

엄마 마음 들어가기

엄마의 상처는 두 배 더 아프다

———————

딸은 엄마의 그림자였다

엄마의 '피식 웃음',

모든 게 '내 탓'으로 느껴질 때

술래가 되고 싶지 않은 엄마

딸은 엄마의 그림자였다

무의식에 잠자고 있던
정반대의 성향 인정하기

엄마는 고등학교 교사이고, 딸은 고등학교 1학년이다. 엄마는 자신이 자라온 환경에 따라 딸을 반 듯하게 키웠다고 생각했다. 그런데 어느 날, 딸의 의외의 행동에 엄마는 충격을 받았다. 내 딸이 그랬다고 하기에는 상상이 안 갔다. 아니 딸에게 그런 성향이 있다는 것 자체가 이해가 가지 않았다.

주말 오후였다. 딸은 잠깐 놀다 온다며 집을 나갔다. 그날따라 밝은 딸의 모습이 좀 이상하게 보이기는 했으나, 늘 그랬듯이 밤 아홉 시 전에는 집에 들어오리라 생각했다. 그런데 예정된 시간이 지나도 딸은 집에 들어오지 않았고, 휴대폰 연락도 안 되었다. 이런 일은 한 번도 없었다. 엄마는 초조하게 시계를 들여다보며 여러 번 딸의 휴대전화 번호를 눌렀다. 열두 시가 다 돼서야 딸의 전화가 왔다.

"아이돌 가수 ○○○ 공연 보러 서울에 왔어요. 공연이 늦게 끝나는 바람에 이제야 버스를 탔어요. 자정이 넘어서야 대전에 도착할 거예요."

엄마는 당황했다. 전화통에 대고 야단을 쳐주고 싶었지만 기분 좋게 공연을 즐겼을 딸의 마음을 생각해서 빨리 오란 말만 했다. 그리고 터미널에 마중 나갈 채비를 차리고 있었다. 잠깐이 자정이라니, 그것도 연예인 공연을 허락도 없이 가다니. 그 또래 청소년들에게 흔히 있는 일이지만, 엄마는 허락을 받지 않고 간 것에 대해 화가 났다.

새벽이 돼서야 딸은 친구와 함께 밝은 모습으로 터미널에 나타났다. 딸의 모습을 본 순간 엄마는 기절할 뻔했다. "얘가 내 딸 맞아?" 딸은 진한 화장을 하고 있었다. 비비크림 정도는 바르고 다니게 했는데, 도깨비 화장을 다 하다니. 머리는 또 뭔가? 단정한 생머리를 고대기로 맘껏 멋을 내었다. 옷은 또 뭔가? 집 나갈 때 입고 나간 청바지는 가방 속에 넣었는지, 장딴지가 다 보이는 미니스커트를 입고 있었다. 그렇지 않아도 큰 신장이 더 크게 보여 신발을 보았더니 집에는 없던 굽 높이 구두를 신고 있었다. 함께 간 친구의 것을 빌렸다고 한다.

딸은 서울로 공연 보러 간다 말하면 당연지사 엄마가 허락하지 않을 거 같아 거짓말을 했다고 한다. 그리고 꽃단장은 친구 집에 가서 했다.

몹시 화가 난 엄마는 집으로 돌아와 제 성을 이기지 못했다. 당장 미니스커트를 벗게 하여 가위로 잘랐다. 그리고 함께 간 친구와 다시는 놀지 말라며 굽 높이 구두도 가위로 오렸다. 엄마의 이런 행동에 딸은 더 놀랐다. 딸은 평소에 안 하던 발악을 하며 대들었다. 그것도 잠시, 딸은 엄마를 어찌할 수 없다고 판단했는지 제 방으로 들어가서 방문을 걸어 잠갔다.

"내 딸이 그럴 리가 없어"

하루 종일 딸 또래의 학생들과 접촉하는 교사인 엄마가 자신의 행동에 무엇이 문제가 있었는지 모를 리 없다. 그런 충동적인 행동을 하는 또래 여고생을 늘 보아왔기 때문이다. 하지만 지금까지 그랬듯이 내 딸은 유행 따라 가는 다른 여고생들과는 다르기를 기대했다. 한편 내 딸이라고 특별한 존재는 아니니, 충동적인 행동을 할 수도 있다고 자신을 미리 타이르기도 했다. 그런 일이 벌어졌을 때에 마음을 차분히 먹자고 평소에 다짐했으나,

사람의 감정이 마음대로 되지 않는다. 잠자리로 돌아간 엄마는 자신의 가위질에 딸이 얼마나 놀랐을 것인가를 생각하며 밤새 몸을 뒤척였다.

이것이 계기가 되어 엄마와 딸의 관계는 서먹해졌다. 그렇다고 딸이 제멋대로 행동하는 것은 아니다. 일정한 생활 질서를 지키기는 하지만, 전처럼 자기에게 있었던 일을 엄마에게 말하는 경우는 거의 없었다. 꼭 필요한 단답식 대화만 오갔다. 엄마는 딸이 다시 공부에 전념해주기를 원했는데, 딸의 성적은 점점 떨어졌다. 성적을 올리라는 엄마의 압력은 아무런 힘도 없이 허풍선이 되어 땅바닥에 떨어졌다.

딸이 고등학교 2학년 가을학기가 되자 엄마에게 말했다. "저 모델이 될래요. 대학도 관련 학과에 진학해야 하니 학원 보내주세요." 모녀의 대화가 중단된 동안에, 딸은 엄마의 기대와는 전혀 다른 꿈을 키우고 있었다. 엄마는 딸이 사범대학을 가서 교사가 되기를 원했다. 방황은 잠시뿐, 언젠가는 엄마가 원하는 대로 될 것이라 생각했다. 여성의 사회활동으로 교사 이상의 것이 없고, 딸은 자기 성향을 닮았다고 믿어왔기 때문이다. 그러나 딸의 완고한 의지를 꺾을 수 없음을 직관적으로 알아챈 엄마는 더욱 괴로워했다.

"난 엄마처럼 살지 않을래"

모델이 되고 싶은 이유에 대해 딸과 많은 이야기를 나누던 중에, 엄마는 딸이 자신과는 정반대의 성향을 가지고 있음을 발견했다. "난 엄마처럼 살지 않을래." 이런 신념을 가지고 있었다. 지난 봄, 꽃단장하고 서울로 공연 보러 갔을 때 알아봤어야 했다. 그때 충분한 대화가 있어야 했다. 말할 수 있는 기회를 만들었어야 했다. 모델과 교사는 아무래도 매치가 안 된다. 교사를 원하는 줄만 알았던 딸의 마음에 모델의 꿈이 있었다니! 고등학교 2학년이 돼서야 그런 말을 하는 걸 보니, 나름 충분히 고민한 결정이었으리라.

딸의 말이다. "더 나이 먹기 전에 도전해보고 싶어요. 꼭 하고 싶은 일이에요. 잘할 수 있어요. 엄마는 인정을 안 하시겠지만 저에게는 그런 끼가 있어요. 엄마가 미리 저지할까봐 그동안 아닌 척했어요. 엄마가 원하는 교사는 나이 들어서도 할 수 있어요. 모델 학원 교사도 있고 관련 학과 교수도 있어요."

엄마는 딸의 의지를 꺾을 수 없었다. 대학 진학을 위해 모델 입시 학원에 보내야 했다. 그러나 딸이 자기와 정반대의 성향을 가졌다는 것은 쉽게 받아들여지지 않았다. 반나체 혹은 나체 상태로 사진도 찍혀야 할 텐데! 어쩔 수 없이 딸의 의견을 수용했으나 마음속은 계속 전쟁 중이다. 선입견 때문일까? 모델이 되

XXXXXX

고 나서도 걱정이다.

딸의 인생은 엄마 것이 아니다, 딸의 인생을 그대로 존중해줘야 한다, 이런 말은 엄마가 당신 학교의 학부모들에게 수도 없이 한 말이다. 그러나 정작 내 딸의 인생을 그녀 스스로에게 맡기려니 여간 힘든 일이 아니다. 도대체 이 의외의 일들을 어떻게 받아들여야 할까? 딸은 모델을 지망하는 다른 친구 엄마들은 잘해보라고 적극적으로 지원한다고 말한다. 그게 얼마나 많은 소녀들의 로망인데 엄마는 왜 이리 걱정이 많으냐며 야단이다.

자식의 반란은 엄마 자신을 돌아볼 기회

'나는 딸을 모델 학원에 보내면서도 걱정이 되고, 어떤 때는 배신당했다는 생각에 화가 올라온다. 왜 그럴까?'

엄마는 갈등의 원인이 딸에게 있다고 믿는다. 딸이 자신의 미래에 조금만 더 신중했어도 엄마의 뜻이 옳음을 알 것이다. 그런데 지금 딸은 무엇에 홀려 있는 것 같다. 입시를 앞둔 이 귀중한 시간을 방황하고 있다고 믿고 싶다. 얼른 제정신으로 돌아만 와라. 재수면 어떻고 삼수면 어떠냐. 남자가 원하는 배우자감 1순위가 '잘 생긴 교사'이고 2순위는 '못 생긴 교사'라고 하지 않느냐. 너는 1순위이다. 엄마는 자신이 최고라고 한 것을 딸도 최고라고 인정하고 노력해주기를 원했다. 엄마처럼 말이다.

이처럼 문제의 원인이 딸에게 있다고 하는 한 갈등의 불은 절대 꺼지지 않는다. 엄마의 내적 성장도 멈춘다. 엄마의 생각 범위는 고정된다. 인생은 각자 생각의 폭만큼 살게 되어 있다. 쥐구멍에만 갇혀 있는 쥐는 그만큼의 삶을 산다. 우물 안에 갇혀 있는 개구리도 딱 우물만큼의 삶을 산다. 그들은 그 외에 무엇이 있고, 자신은 거기서 어떤 역할을 할 수 있는지 모른다. 밖으로 나오는 것을 매우 위험한 일로만 생각한다.

이처럼 자식이 반란을 일으킨다고 생각할 때 어떻게 해야 하나? 많은 엄마들은 자식의 반란을 잠재우려고 한다. 아직 자기 결정을 하기에는 이른 청소년이기에 그렇게 해야 하는 경우도 있을 수 있다. 잠재우든지, 격려하든지, 그것은 자식에 관한 것이다. 그것과는 상관없이 엄마는 자신을 돌아보아야 한다. 사춘기 자식의 반란은 부모에게 생각할 기회를 던지는 화두이다. 부모가 자신의 내면을 들여다보면서 생각의 폭을 넓히라는 것이다. 이 공동과제가 잘 이루어지면 자녀의 사춘기는 그런대로 무난하게 넘어갈 수 있다.

엄마의 무의식에 억압되어 있는 그림자

일방적 태도는 또 다른 일방적 교육 방법에서 나온다. 엄마는 중년인 지금까지 초등학교 교장으로 은퇴를 하신 아버지의 훈령에 따라 열심히 사셨다. 그래서 좋은 남편을 만났고 지금의 안정도 꾀했다. 은퇴 이후에도 별 걱정이 필요 없는 엄마다. 그러나 외적인 성장을 다 이루었다고 생각하는 순간 내면이 고독해진다. 그게 인생이다.

그렇지 않아도 나이 40이 넘어가자 엄마는 지금껏 내가 잘 살아온 것인지, 전에 없던 내적 갈등의 씨앗에 불이 지펴 오르기 시작했다. "지금까지 살아온 것은 나만의 의지가 아니었던 것 같다." 이렇게 내면에서부터 차올라오는 소리가 있었다. 이런 소리는 의지로 억압할 수 있는 것이 아니었다. 그러면서 전에는 하지 못했던, 엄마의 신념에 의하면 '일탈'이라 불리는 것을 해보고 싶은 욕망도 생겼다. 사실 딸이 아이돌 공연을 보고 새벽이 돼서야 집에 들어왔을 때에도, 엄마는 자신도 그렇게 해보고 싶다는 생뚱맞은 충동을 느꼈다. 그때 딸을 심하게 윽박지른 것은 자신의 그런 욕망에 윽박지른 것과 같다.

그날 잠을 못 이룬 이유는 나는 왜 저렇게 즐기는 삶 한 번 자유롭게 안 될까, 하는 자기연민 때문이기도 했다. 딸과 더 큰 논쟁 없이 학원에 보내준 것도 엄마의 그런 내적 충동과 무관하지 않다.

이제 엄마는 인생 후반의 행복을 위한 내적 작업을 해야 한다. 그동안 그녀가 속한 사회에서 금했던 것, 그래서 무의식에 억압해놓은, 자신이 가지고 있었으나 사용하지 못한 정신적 특성들을 직시해야 한다. 분석심리학자 칼 융Carl Gustav Jung은 이를 '그림자'라고 했다. 쥐구멍의 쥐나, 우물 안의 개구리나, 둘 다 자기세계에서 나오려면 '밖의 세계는 위험한 곳이야'라는 신념에서 벗어나야 한다. 그러기 위해서 자신 안에 있는 잘못된 신념이나 가치관, 편견 등을 직시하고 만나야 한다. 나에게 사고의 폭을 제한하는 그런 것들이 있었다는 것을 인정만 해도 중년의 마음은 많이 풀린다.

딸에게서 나타난 엄마의 그림자 특성

그림자는 '무의식에 있는 인격의 어두운 부분'이다. 의식의 중심인 자아는 사회가 인정하는 밝은 빛을 추구한다. 엄마에게는 성실함·근면함·신중함으로 나타나는 자아의 밝은 면이 있었다. 그것들은 그녀의 부모에게서 받은 것과 태어난 특성의 합성이다. 반면 밝은 빛을 추구하는 자아 바로 밑, 즉 무의식에는 빛을 보지 못한 그림자가 있다. 등잔 밑은 당연히 어둡다. 한 사람이 이런 면에서 밝다는 것은 저런 면에서는 어둡다는 것을 입증한다. 밝은 면이 있으면 어두운 면인 그림자는 항상 있게 마련이다.

엄마의 성실성 밑에는 거의 밖의 세상을 보지 못한 '충동성'이 꿈틀대고 있었다. 근면함 밑에는 '게으름'이 밖으로 나올 기지개를 펴고 있었다. 신중함 밑에는 '경박성'이 고개를 들고 있었다. 이것들이 다 그녀의 그림자들이다. 그림자는 자아와 반대되는 특성을 가지고 있다. 억압된 그림자는 잠만 자고 있는 것이 절대 아니다. 존재를 알아주지 않으면 밖으로 투사된다. 즉 딸에게서 충동성, 게으름, 경박성 등의 특징들이 보이면 무조건 나쁜 것이라 하여 나무란다. 내가 심리적으로 나쁘다고 억압한 것이 타인에게서 나타나는 것을 보고 그를 미워하고 원망하는 것이다.

그런 것들이 나쁘기만 할까? 충동성에서 모험과 추진력도 나온다. 게으름은 일종의 휴식으로 자기성찰 및 치유의 동인이기도 하다. 경박성에서 새로운 아이디어도 나온다. 융에 의하면 그림자는 억압해 놓으니까 부정적으로 작용하지, 각자 안에 그런 요소가 있다는 것을 인정하고 수용하면 투사를 하지 않게 된다고 한다. 그림자는 동물적 특성을 가진 것으로 삶에 의욕과 추진력, 즐거움을 더해주는 요소이다.

만일 그녀가 자신에게 그림자 특성이 있다는 것을 인정했다면? 그날 자정이 넘어 터미널에서 내린 딸의 모습에 박수를 쳤을 수도 있다. "너는 어쩌면, 엄마가 못한 것을 다 하는구나. 그렇게 차려입으니 네가 아이돌이다. 그래, 공연은 어땠니?" 귀가하는 승용차 안에서 모녀는 할 이야기가 많았을 것이다. 딸이 엄마가 억압한 것을 대신 해주었기에 엄마는 대리만족도 있었을 것이다. 딸이 모델이 된다고 했을 때도, 비록 엄마의 마음이 많이 내키는 것은 아닐지라도, 지금처럼 내적 갈등을 겪지는 않을 것이다. 모델 직업이 가진 긍정적인 면도 많이 보였을 것이다.

이것은 엄마가 자신의 그림자를 인식하고 인정했을 때만 일어나는 현상이다. 일반적으로 모녀관계는 서로 그림자를 투사하는 관계라고 융은 지적했다. 그래서 모녀관계가 나빠지면 원수처럼 된다.

어떤 의미에서 딸이 원하는 직업은 엄마 그림자의 종합 작품이다. 엄마가 그렇게 살지 않기로 다짐했던 것들을 모아들여 딸은 그렇게 살기로 한 것이나 다름없다. 교사 엄마와 모델 딸은 서로 상반된다. 그러기에 조화를 이룬다. 인생의 맛과 에너지는 서로 상반되는 경험에서 나온다. 빈 시간에 책만 봤다면, 거친 운동을 해 보아라. 빈 시간에 친구 찾아 외출만 했다면, 도서관에 가서 하루 종일 독서를 해라. 새롭게 재충전되는 에너지를 경험할 것이다. 분석심리학적으로 말하면 평소에 잘 사용하지 않은 그림자를 사용함으로 얻어지는 즐거움이다.

딸을 통해 비로소 만난 엄마의 그림자

자신이 지닌 그림자를 자아와 통합하기 위해서는 그림자를 자각하여 의식화할 수 있는 경험을 해야 한다. 내가 엄마에게 예능 프로를 많이 보라 요청했을 때, 엄마의 대답은 이랬다. "저는 예능 프로그램을 잘 안 봐요. 어릴 적부터 아버지가 못 보게 하셨어요. 딴따라 된다고요." 그래서 그림자가 억압되었고, 딴따라가 되려는 딸을 이해하기 힘들었다. 나는 단호하게 말했다. "딸과의 관계가 개선되려면, 아니 엄마가 변하려면, 꼭 보셔야 합니다. 이번 학기 종강하는 날, 저와 함께 그 소감을 나누어보죠."

상담 대학원 학생인 엄마는 의아해 했다. "도대체 예능 프로와 모녀관계가 무슨 상관관계가 있단 말인가?" 엄마는 정신분석학 교수가 하는 말이니 무슨 의미가 있을 것이라 생각하여, 그동안 안 해본 것을 해본다는 각오로 가급적 많은 예능 프로그램을 챙겨 보았다. 종강하는 날에 엄마는 내게 많은 말을 했는데 대략은 이렇다.

"안 하던 것을 하려니 정말 힘들었어요. 내가 예능 프로를 정말 싫어하는 것인지, 아버지의 말씀이 생각나서 그런지, 재미없고 보기 싫었어요. 그러나 조금씩 시간을 늘려서 보니 재밌어지기 시작했어요. 어떤 때는 빠져들기도 했어요. 그러면서 내 안에서 억압된 에너지가 풀리는 것을 느꼈어요."

"……주말에는 딸과 함께 소극장에 가서 뮤지컬과 연극도 보았어요. 내 안에도 저런 예술가의 기질이 있었구나, 교사로 살아오면서 억압할 수밖에 없었구나, 이 나이에 예술가가 될 수는 없지만 즐길 수는 있겠지, 하는 생각이 들었어요. 나이 50이 가까워 오면서 삶에 무력감이 오던 시기에 인생의 새로운 활력을 되찾은 기분이었어요."

"……사실 제 여동생은 부모가 극구 반대하던 연극영화과를 나왔고, 지금은 그 분야에서 만족한 삶을 살고 있어요. 동생에게, 그리고 딸에게 있었던 끼의 일부가 저에게도 있다는 것이 신기했어요. 인생 후반에 신나는 취미 거리를 발견한 거예요. 이전과는 다른 자유로움과 여유 있음을 느껴요. 아직도 딸이 모델보다는 모델학교 교수가 되면 좋겠다는 생각은 있어요. 그러나 딸이 자신의 일로 행복해지기를 원해요. 딸이 하고자 하는 일은 저도 하고 싶었던 일이니까요."

그림자가 통합되었다. ✳

엄마의 '피식 웃음'

밝은 척하며 살아왔던
지난날을 애도하기

군대 제대 후 대학에 복학한 아들은 중간고사를 앞두고 휴학 신청을 했다. 복학할 때부터 예상된 일이긴 했으나 아들은 대학이 자기 삶에 의미가 없다고 했다. 엄마는 집에만 있는 아들의 우울증세가 심해지는 것 같아, 용돈도 벌고 외부생활도 하라고 과외학생 한 명을 소개해주었다. '남들을 가르치다 보면 자신의 우울증세도 조금은 좋아지겠지' 해서다. 그러나 아들은 한 달도 못하고 힘들다며 과외를 끊었다. 그리고 제 방으로 칩거에 들어갔다. 암막 커튼을 길게 내리고 꼭 필요할 때만 잠깐 나올 뿐, 거의 하루 종일 침대에서 뒹굴었다.

아들은 군대 가기 전에 우울증 진단을 받아 약을 복용한 적이 있다. 군 적응을 걱정했는데, 의외로 군 생활은 그런대로 해내어 우울증이 치료됐나 싶었다. 그러나 제대 후 의욕은 다시 상실됐고 우울증이 재발했다. 아들은 어떻게 해서든 극복할 생각보다는 무조건 약물에 의존했다.

남자들이 군에서 전역을 하면 그동안 억압한 자유를 즐기려고 한동안은 역마살이 낀 사람처럼 돌아다닌다는데, 아들은 생기 없는 얼굴로 집에만 틀어박혀 있었다. 유럽 여행이라도 갔다 오라는 엄마의 큰 선심도 거절했다. 부모가 걱정이 돼서 한두 마디 하는 말들은 아무런 반응 없이 되돌아왔다.

아들은 집에 있으면 더 괴로우니 차라리 정신병원에 입원시켜 달라 했다. 정신병 입원 경력이 기록에 남으면 취업에 불공평이 발생할 수도 있다. 그래서 입원이 꼭 필요한 경우에도 안 하는 경우가 많다. 그런데 자진 입원을 원하는 것으로 미루어 보아 아들은 중증 우울증에 걸린 것 같다. 의사는 입원할 정도는 아니라며 약물만 처방해줬다. 정신과 약을 복용하고 하루 종일 졸린 사람처럼 처져있는 모습을 엄마는 고통스럽게 보고 있어야 했다.

엄마의 생각에 아들이 이렇게 된 것은 남편 때문이다. 아들에 대한 기대만 가질 뿐, 무뚝뚝하여 자식들과 소통하지 못한 것이 원인이라 생각했다. 엄마가 보기에 남편은 자기 일 외에는 관심이 없는 사람이다. 아버지의 존재가 필요한 발달 시기에 아버지는 일을 핑계로 아이들의 곁에 있어 주지 못했다. 남편은 아이들뿐만 아니라 아내에게도 무뚝뚝해 가정의 분위기는 찬바람이 부는 날이 많았다. 무겁고 침울한 집안 분위기, 가족들은 이 기운을 싫어했다. 그게 아들 우울증의 원인이고, 주범은 남편이라는 것이다. 아들과 함께 상담실을 방문한 엄마는 이런 이야기를 하면서 내가 아니라 남편이 상담을 받아야 한다고 말했다.

"내 우울증은 엄마 때문이다"

엄마에 이어서 아들을 상담했다. 아들은 역시 집이 싫다고 했다. 지금 같아서는 차라리 정신병원에 입원하는 것이 좋겠다는 것이다. 이야기를 좀 더 진행해보니 이것은 표면적인 이유였다. 보다 깊은 이유는 정신병원에 입원함으로 '아들을 정신병원에 입원시킨 건강하지 못한 부모'를 만들기 위함이었다. 우울증의 원인이 부모라고 했고, 부모에게 죄책감을 덧씌우고 싶었던 것이다. 부모를 공격하는 방법이 '정신병원 입원'이 된 것이다. 우울증의 원인은 환경 탓도 있지만 자신 탓도 있다. 혹은 생화학 물질 탓일 수도 있다. 무조건 부모가 원인이라고 단정하는 것은 자신의 무책임성에 대한 책임을 부모에게 돌림으로, 자신은 면책 받으려는 계산도 깔려 있다.

아들은 자기가 이렇게 된 것은 부모 때문인데, 좀 더 직접적인 원인은 아버지보다도 엄마 때문이라고 했다. 엄마 때문이라니, 엄마는 두말할 것도 없이 아버지 책임이라 했는데 말이다. 아들의 말에 의하면 아버지는 따뜻한 사람은 아니어도 소통은 되는 분이라 했다. 아버지는 공감능력은 떨어져도 대화는 되는 분이라는 것이다.

그러나 엄마는 불통 자체라고 했다. 유년기부터 지금까지, 엄마는 자신의 이야기를 들어주는 것 같았으나 반응은 '딴 세계의 말'이었다고 했다. 그것을 차치하고서라도, 엄마의 우울하고 처진 모습은 가족의 분위기를 잿빛으로 만들었고, 그것이 자기 우울증의 더 큰 원인이라는 것이다.

나는 엄마와 다시 상담을 하면서 말했다. "아들은 엄마와 더 소통이 안 된다고 하는데요. 그래도 아버지가 있었기에 다행이라고 합니다." 엄마는 깜짝 놀라며 되물었다. "우리 창호가 말이에요?" 엄마는 상기된 얼굴빛으로 무엇인가를 골똘히 생각했다. 상담 시간으로는 짧지 않는 5분의 침묵이 흘렀다. 엄마는 알았다는 듯이 고개를 위아래로 흔들었다. 그리고 울음을 터뜨렸다.

"그랬을 거예요. 우리 창호가. 저는 밝게 살려고 노력했는데, 저에게 친정어머니의 모습이 있었을 겁니다. 그 모습이 아들에게 아주 나쁜 영향을 줄 것이라 짐작은 했습니다. 그런데 아들이 표현을 안 하다 보니…… 남편의 무뚝뚝함이 크다고 보았어요."

엄마는 밝게 살려고 노력한 자신에게 큰 허점이 있었고 그것이 아들의 성격 형성에 치명적이었다는, 인정하고 싶지 않은 사실을 인정했다. 그것은 깊은 한숨을 몰아쉬는 것으로 표현되었다. '나 때문'이라는 죄책감을 받아들이기 힘들어 상대적으로 강한 남편 탓으로 돌리고 자기를 방어한 것이다.

우울증 내담자들은 상담치료 자체를 회의적으로 보기에 수개월 동안 계속되는 상담을 기피하는 경향이 있다. 그들은 우울증이 말로 치료될 병이 아니라는 부정적 생각이 깔려있다. 아들은 상담을 다음으로 미루고, 우선 약물 치료에만 전념하기로 했다. 그리고 엄마는 상담을 진행하기로 했다.

엄마의 '딴 세계의 말'

나는 아들이 엄마에 대해서 말한 '딴 세계의 말'을 떠올렸다. 도대체 '딴 세계의 말'은 무엇을 뜻할까. 밖에서 놀다 돌아온 아들이 머리가 아프다고 말한다. 대부분의 엄마는 아들의 이마에 손을 갖다 대며 열을 체크한다. 그리고 가정에 비치된 비상 약품함을 열어 두통약을 먹이며, 곧 나을 것이라고 걱정을 덜어준다. 아들의 이마에 닿는 엄마의 손길은 약손이다. 엄마가 따뜻한 물과 함께 먹여주는 약은 엄마의 일부이다. 곧 좋아질 것이라는 엄마의 말은 신의 축복처럼 아이를 안심시킨다.

그런데 흔하게 있을 수 있는 두통을 무슨 커다란 병인 것처럼, 호들갑을 떨고 불안해하며 긴장된 얼굴 표정으로 아들을 둘러업고 병원에 달려간다면 어떨까. 아들도 자기가 대단한 병에 걸렸을지 모른다며 불안해할 것이다. 혹은 그런 두통은 아무것도 아니라고 엄마가 자기 일에만 몰두한다면, 아이는 엄마의 무관심에 우울해할 것이다. 이 둘 다 아이에게는 '딴 세계의 말'이다.

우울한 엄마는 이런 과잉 혹은 무관심의 반응을 하는 경우가 많다. 이런 일들이 여러 상황에서 반복된다면, 아들은 '딴 세계의 말'을 하는 엄마를 외면하고 엄마와 똑같이 자기만의 딴 세계에 들어간다. 소아 우울증의 전조이다. 딴 세계의 사람은 딴 말을 써서 자기 자신하고만 소통을 한다. 엄마가 망설이며 물었다.

"상담으로 도움이 될까요? 제 문제는 제가 다 알고 있는데요. 말한다고 좋아지나요." 엄마는 자기의 비밀스러운 성장 경험을 누구에게 말하고 싶지 않았다. 상담을 받기로 해 놓고도 그 딴 세계로 돌아가고 싶었던 것이다.

"그 문제를 누구에게 말씀해 보셨나요? 오랫동안 쌓아둔 내 이야기들을……"

"밝게 살면 되는 것 아닌가요?"

"상담은 밝게만 살려고 하는 것이 아니라, 밝지 않은 것도 받아들이는 마음의 여유를 찾으려 하는 겁니다."

"사람은 누구나 자기만의 딴 세계가 있어야 하지 않나요?"

상담을 받을까 말까로 망설이는 엄마는 딴 세계에 들어갔다 나왔다 하고 있었다. 엄마는 나와의 짧은 대화에서조차 '딴 세계의 말'을 하고 있었다.

엄마의 '피식 웃음' 뒤에 숨겨진 과거

며칠 후에 전화가 걸려왔다.

"아들이 누워 있는 걸 보면 자꾸 생각나는 사람이 있어요. 그러면 저는 얼른 좋은 생각으로 바꿉니다. 그게 문제였나요?"

"생각나는 사람이라뇨?"

엄마는 생각나는 사람이 누구라고는 말하지 않고 자기 말만 했다.

"한 번은 털어놓고 상담을 받아봐야 나중에 후회를 하지 않겠지요. 상담 일정을 잡겠습니다."

엄마는 취소와 예약을 두 번이나 되풀이했다. '내가 해결할 수 있다', '전문가의 조언을 들어야 한다' 둘 사이를 왔다 갔다 한 것이다. 모자 상담을 받은 후 2주가 지나서야 엄마는 상담실에 다시 나왔다. 자리가 불편했던지 양미간을 찡그리며 어색하게 피식 웃었다. 오랜 세월에 걸쳐 자동 세팅된 억지 미소로 보였다. 지난번에는 한 번 방문해본 것이고, 지금은 자기분석의 의지를 가지고 온 것이다. 불편하고 어색하다. 자기가 만든 상황이지만 모면하고 싶다. 그래서 나온 방어용 어색한 미소로 보인다. 나는 그 미소에서 '엄마의 딴 세계'를 보는 듯했다. 엄마는 저 무표정한 웃음으로 밝게 살려 했고, 아들은 저 웃음에서 불통을 느낀 것이 아닌가.

그녀의 첫 말이다. "저는 밝게 살면 다 되는 줄 알았어요." 이 말은 그동안 삶이 어두웠으나 어두움을 감추려고 노력해왔음을 말해준다. 아무 말도 하지 않고 있는 나를 찡긋 보더니만 갑자기 흐느끼기 시작했다. 울음소리는 점점 커졌고, 눈물과 콧물은 물방울이 되어 쏟아졌다. 지난 2주 동안 울기로 작정하고 온 사람 같았다. 아니, 마치 생전 처음 울어보는 사람 같았다. 그녀가 자연스럽게 울도록 나는 고개를 약간 숙여주었다. 치유는 시작되었다. 눈물은 마음속에 담긴 이야기를 꺼내는 마중물이다. 마중물이 있어야 속에 고인 물도 나온다.

울먹이며 다음 말을 이었다. "저의 엄마는 정신병 환자였어요. 늘 자리에 누워 있으셨고, 혼자만 중얼중얼했어요. 아버지는 어부셨고 며칠에 한 번씩 집에 들어오셨어요." 나는 눈을 둥그렇게 떴다. 엄마는 정신병 환자다. 그런데 병원 치료 없이 바닷가 마을에서 네 명의 어린 자녀들과 함께 살았다. 아버지는 어선을 타셨기에 며칠에 한 번씩 집에 들어오신다. 이 말에 그녀가 어린 시절부터 얼마나 힘들게 살아왔는지 다 들어있다. 그러고 보니 그녀의 피식 웃음은 정신분열증 환자가 방어적으로 나오는 무의미한 미소와 비슷했다. 그 무표정한 미소를 자기 것으로 하여 방어할 때마다 사용한 것이다.

이야기를 들어보니 친정엄마는 중증의 우울증 환자였다. 중증 우울증은 심하면 정신분열증 삽화(기분 장애 증상)도 나타난다. 그때마다 엄마는 혼자서 누구와 대화하는 것처럼 중얼중얼 거리셨을 거다. 친정 엄마는 도움을 요청하는 어린 딸의 신호에 우울증일 때는 무반응, 정신분열증일 때는 '딴 세계의 말'로 반응했을 거다.

"그런데 저는 어린 시절을 무척 밝게 보냈어요. 걱정이 없었어요. 동네 사람들이 다 아는 엄마의 정신병을 부끄럽게 생각하지도 않았어요. 저의 형제들도 저를 부러워했어요. 동네 어른들에게 칭찬을 받았어요. 소문난 효녀가 될 거라면서 말이에요."

내면의 부조화로 공감능력을 잃어버린 엄마

그녀의 어린 시절 기억에, 학교에서 집으로 돌아오면 친정 엄마는 거의 방 안에서 누워 계셨다. 증세가 심할 때는 혼잣말을 하시는데, 그것은 어린 딸에게 무섭고 두려운 딴 세상의 언어였다. 아버지는 자상하신 분이지만 어선을 타고 바다에 나가 길게는 일주일 이상을 집에 안 들어오신 적도 많았다. 형제들끼리 서로 의지해서 살았을 뿐 돌보는 어른이 부재했다. 그럼에도 밝게 살아온 것은 좌절하고 주저앉는 것보다 훨씬 적응하는 데 도움이 되었기 때문이다. 그러나 내면의 부조화는 피할 수 없다. 그녀의 의식에는 이런 목소리가 있었다.

"나도 친구들처럼 엄마에게 의존하고 싶으나 엄마는 나의 의존을 받아줄 수 있는 분이 아니야. 그래서 슬프지만 슬프다고 말하면 안 돼. 그것은 약해지는 거야. 엄마는 슬퍼서 저렇게 되신 거니까, 나는 절대 슬프면 안 돼. 나도 슬프면 엄마가 걸린 병에 걸릴 거야. 그러면 사람들은 나를 싫어하지. 힘들어서는 안 돼. 밝아야만 세상을 살아갈 수 있는 거야."

한편 무의식에는 돌봄을 받지 못한 슬픈 목소리가 억압되어 있었다.

'나는 슬퍼. 외로워. 나는 정신병에 걸린 엄마가 싫어. 미워. 부끄러워. 창피해. 애들은 엄마 때문에 나를 무시하고 있어. 저런 엄마를 어떻게 믿고 살아. 내 엄마가 아닐 거야. 아니었으면 좋겠어. 차라리 엄마 없는 아이였으면 좋겠어. 계셔서 힘들게만 하니까. 짐만 되니까.'

사람의 마음에는 서로 다른 대극이 있다. 의식에서 슬프면 무의식에는 기쁨이 있다. 의식에서 기쁘면 슬픔은 무의식으로 간다. 의식에서 밝으면 어두움은 무의식으로 간다. 의식에서 어두우면 밝음은 무의식으로 간다. 우리는 성장과정 중에 이러한 서로 다른 감정을 부모에게 투사하면서 조절한다. 엄마에게 짜증을 내는 미운 네 살, 짜증을 넘어 분노를 터뜨리는 사춘기, 인생 전반에 대해 회의감이 드는 사추기(갱년기), 이런 중요한 시기에는 서로 다른 두 대극의 감정을 마주보게 하여 수용을 해야 하는 숙제가 주어진다. 어려운 숙제를 하려 했던 다른 어느 시기보다도 힘들다. 그럼에도 우리의 이러한 양가감정을 발산해도 되는 어린 시절의 엄마가 있다면, 우리는 성장통을 잘 이겨낼 수 있다.

만일 그런 엄마가 부재했다면, 그의 정신은 한쪽으로만 치닫는다. 정신 에너지가 일방으로 흐를 것이다. 융은 정신의 일방성이 나도 모르는 나를 무의식에 활성화시켜 예측 못할 인격을 만들거나, 그가 속한 집단에 적응하지 못하는 원시적 자아의 특성을 지니게 한다고 했다. 혹은 자기를 집단정신과 동일시하여 자기실현을 막는다고도 했다. 그들은 주로 하나의 감정만 사용하기에 공감능력도 현저히 떨어진다.

그녀는 정신병 엄마의 공감을 기대할 수 없었다. 그 또래 아이들에게 마땅히 있어야 할 엄마의 돌봄을 스스로 해결해야만 했다. 거의 반사적으로 밝아 보이려 했고, 어두운 것은 무의식에 억압했다. 밝아야 하는 의식의 세계를 뒷받침해줄 환경은 부재하고, 무의식의 어두움은 표현될 기회를 얻지 못한다면, '겉은 밝음/안은 어두움'이라는 대극의 분열은 불가피하다. '피식 웃음'으로 표현되는 어색한 밝음 뒤에는 몇 겹의 어두움이 그녀의 무의식을 지배하고 있었다. 그 웃음이나 위장된 밝음은 어두움의 표현일 뿐이다.

아들을 낳았을 때, 그녀는 이런 생각을 했다. '내가 이 아이를 정신병으로 만드는 것은 아닌가.' 이런 불안에 대한 방어로 과잉으로 아들을 돌보았다. 그녀의 과잉보호는 불안에 대한 방어였기에 의미 있는 공감에는 실패했다. 아들에게 있는 어두움의 요소는 조금만 보여도 제거하려 했고, 그것은 잔소리와 강압으로 표출되었다. 건강한 공감은 상대의 감정을 있는 그대로 수용할 줄 아나, 정신의 일방성은 상대의 감정에 둔감하다. 엄마의 이러한 일방적 태도가 아들의 입장에서는 '딴 세계의 사람'으로 보였다.

불안으로 둘러싸인 엄마의 회피성 양육

다행스러운 일은 그녀의 아버지가 아이들에 대한 책임감과 교육열이 강하신 분이었다는 것이다. 그녀가 초등학교 5학년 무렵에, 언니와 두 명의 남동생은 서울에 있는 작은아버지 댁 옆에 방을 얻어 자취를 시작했다. 4남매는 자상한 작은아버지와 작은어머니의 도움을 받아가며 서울 유학을 시작했다.

그녀는 이 시기를 회상하면서 엄마와 떨어져 산다는 것, 그래서 친구들이 내 엄마가 정신병자임을 모른다는 것 자체만으로 행복했다고 한다. 그러나 그 비화가 언젠가는 밝혀질지 모르고 그때는 지금의 어설픈 행복이 깨질 수도 있다는 불안이 있었다. 그런 일이 생기지 않도록 더 과장되게 밝은 척해야만 했다. 그녀는 겉과 속이 다른 삶을 살면서 '내가 나인 것'에 대한 정체성 혼동으로 종종 힘들었다.

그녀는 실업계 고등학교에 진학했고 학업에 전념했다. 그 당시에 공부 잘하는 일은 확실하게 자존감을 인정받는 길이었다. 중요한 학창시절에 그녀는 부모 부재의 외로운 시간들을 선생님들로부터 인정받으며 견뎌낼 수 있었다.

정체를 알 수 없는 불안, 사람들이 정신병자의 딸이라고 놀릴 것 같은 두려움, 비난받을지도 모른다는 의심, 여기에 대한 방어가 무표정하고 의미 없는 '피식 웃음'이었다. 편두통도 심했다. 그 웃음마저 학창시절에는 매력처럼 보이기도 했다. 그러나 전문대학을 졸업하고 취직 후에는 그녀의 인간관계 부적응 문제가 본격적으로 드러나기 시작했다. 그것은 항상 무엇을 숨겨야 한다는 회피성 성격으로 인한 것이었다.

그녀는 도피하다시피 결혼했다. 그러나 공감능력의 부재, 피해의식, 감정의 회피 등으로 남편과의 관계가 원만하지 않았다. 그녀가 가진 불안정의 문제가 본격적으로 나타난 것은 아들을 낳은 직후부터였다.

이 부분을 분석한 결과 그녀는 자신과 어머니와의 관계를 자신과 아들과의 관계로 재현해버린 것이었다. 즉 본인은 그러고 싶지 않았지만 엄마가 자신을 방치하는 방식으로 자신도 자식을 방치하고 있다는 것을 깨달았다. 갓난아이를 옆에 놓고 왜 그리도 잠이 쏟아지는지, 아기 키우는 일은 잠과의 전쟁이라 불려도 좋다고 했다. 정신병에 걸린 엄마가 자기에게 그러했듯이 자기도 아들에게 반쯤은 그렇게 되어 있었던 것이다. 잠이 안 오면 수면제를 먹거나, 어떤 때는 독한 술을 마시면서까지 잠을 청했다고 한다. 아들과의 정서적 소통이 두려워 회피한 것이다.

그러다가 잠에서 깨어 옆에 누워 있는 아들이 방긋 웃고 있는 것을 보면, 그래서 다행이라 하여 다시 잠들었다고 한다. 잠은 아이를 양육하는 것을 포함하여 무거운 현실을 피하는 방법이었다.

한편 기분이 상승되면, 아이에게 잘해주려는 노력이 지나친 간섭이나 과잉 감정표현이 되어 나타났다. 이 또한 아이와의 공감

을 방해하는 것으로, 아이에게는 침범으로 경험되었다는 것이
상담 중에 밝혀졌다.

애도를 통한 마음의 정화작업

그녀와의 상담은 정서적으로 불안하고 외로웠던 성장기의 이
야기를 토해내는 것으로 시작됐다. 그녀의 경험은 모두 고통스러
운 것들이었다. 심지어 공부 잘하는 것도 다른 학생들에게 시기
심의 대상이 될지 모른다 여겨 불안해했다고 한다. 어떻게 그 많
은 불안을 마음에 간직하고, 그 누구에게도 말하지 못하고 50세
까지 살아왔는지! 그것들이 내면의 마그마가 되어 의식 세계를
위협하여 지금과 같은 회피성 성격으로 나타났다는 것을 상담
중에야 깨달았다.

그녀는 주 1회 하는 상담을 10회기 이상 진행하기까지 상담 의
자에 앉자마자 과거를 회상하며 울음을 터뜨렸다. 내가 하는 일
은 경청하는 것과 그녀의 말이 막혔을 때에 말의 골을 열어주는
것이 전부였다. 성장기에 있었던 그 많은 불안한 경험들은 할 수
있는 한 말로 표현돼야 한다. 그래야 그 압력이 의식을 위협하지
않는다. 울지 않고는 말할 수 없는 것들이다. 울어야 한다. 이것
을 정신분석에서는 '애도'라고 한다.

슬픈지도 모르게 살아온 이야기를 슬프게 말하는 것, 이것이

애도이다. 애도를 통해 마음의 정화작업이 일어난다. 애도는 의식과 무의식의 통합 작용을 일으킨다. 즉 그녀의 의식에 있는 밝음과 무의식에 있는 어두움이 상호 대화를 함으로 서로를 소외시키지 않는다. 마음이 가벼워진다.

애도를 통한 통합 작용은 마음 안에 있는 다양한 정서와 잠재력을 일깨워준다. 상담 회기가 진행될수록, 그녀는 진작 이렇게 편했다면 내 인생이 달라졌을 것이라고 후회의 눈물을 흘렸다.

애도는 성장기의 오랜 피해의식과 아들에 대한 죄책감을 완화시켰다. 애도는 '억울하다'는 감정과 '만일 그때 그렇게 하거나 하지 말았다면' 하는 아쉬운 감정을 받아들이게 한다. 애도는 지나온 삶은 그것대로 이유와 의미가 있다는 것, 그리고 그 결과로 현재가 있다는 것을 인정하게 한다. 애도는 모든 책임을 자신에게만 두지 않고 어쩔 수 없는 환경적 요인이 있음을 받아들이게 한다. 그런 의미에서 눈물이 약이다. 만일 당신이 상처받아 울고 있는 사람과 함께 울어줄 수 있다면, 그 자체로 당신은 위대한 치유자이다. 심리치료사는 내담자의 아픔에 물리적 눈물이 아닌 마음의 눈물로 함께 우는 사람이다. 나는 이렇게 말했다.

"그때는 할 수 있는 최선을 다하셨습니다. 정신병에 걸리신 엄마로부터 살아나셨고, 결혼해서 내 아이를 낳은 것만도 큰일이십니다. 사람은 자기가 할 수 있는 일을 합니다. 그 이상의 일은 타인의 몫입니다. 우울증에 걸린 아들을 통하여 나를 새롭게 발견하셨다면 인생이란 큰 스케줄에 비추어 볼 때 그것 또한 내게 일어나야만 하는 일입니다. 그렇다고 아들이 피해자는 아닙니다. 아들은 지금의 우울증을 자기 삶의 일부로 통합해나갈 때가 있을 겁니다. 지금은 아들보다 내가 변하는 일이 우선입니다. 관건은 어두운 과거 경험에 대한 의미 있는 해석입니다."

그렇다. 정신분석은 억압된 과거의 경험을 열어 마음을 정화시키고, 주관적 감정에 채색된 생각들을 객관화시키는 작업을 한다. 다음으로 해야 할 일은 지난 경험에 대한 새로운 해석이다. 어떻게 해석하느냐가 앞으로 그녀의 삶을 움직여나갈 것이다.

경험을 새롭게 해석함으로 달라지는 삶

인간의 정신을 무의식이 아닌 의식적 차원에서 연구하고 그 중요성을 언급한, 소위 프로이트Sigmund Freud의 좌파 심리학자로 불리는 아들러Alfred Adler는 경험에 대한 해석을 중요시했다. 그에 의하면 부정적 과거의 경험에 고착하는 것은 퇴행이다. 그 경험을 어떻게 달리 해석해서 그가 속한 사회의 일원으로 기여하며 살 수 있도록 해야 하는지가 무엇보다 중요하다. 이는 항상 현재진행형이다. 그리고 그런 능력은 모든 사람에게 주어졌다.

"주어진 환경에 적응하며 최고의 능력을 발휘하도록 하는 능력은 모든 생명에게 자연적으로 내재되어 있는 본능입니다."

엄마들은 자주 이런 상담을 요청하곤 한다. "아이들이 좀 크
니 심리학 책을 읽고, 자신의 문제를 부모의 잘못된 양육 때문
이라고 합니다. 용서를 구해야 하나요? 설득해야 하나요?"

나는 이렇게 말한다.

"아이는 아이일 뿐입니다. 아이는 하나의 경험을 인생 전체에
비추어 해석하는 능력이 떨어집니다. 의도적으로 악의를 가지고
아이에게 잘못을 저지르는 부모는 거의 없습니다. 그냥 아이들
의 이야기에 경청하세요. 그래서 네가 엄마에게 이런 불만이 있
었구나, 하고 그 불만의 감정만 인정해주세요. 그것이 아이에게
좋은 경험이 될 것이고, 축적된 좋은 경험은 이후 아이의 새로
운 경험들을 긍정적으로 해석하는 자원이 될 겁니다."

모든 게 '내 탓'으로 느껴질 때

내면의 '꼼짝달싹 감옥'에서
나오기

 중학교 3학년인 아들의 카카오톡
을 몰래 열어본 엄마는 깜짝 놀랐다.

"자살, 사람들이 왜 못하는 줄 알아. 5분 안에 하면 돼. 망설
이다가 용기가 없어 못하는 거야."

다음 글에는 죄책감도 느꼈다.

"엄마, 아빠와 함께 있는 것이 싫어. 두 분은 싸우기 위해서 태
어난 분들 같아. 저러면서 왜 같이 사는지 모르겠어."

아들은 부모의 말다툼을 자주 보면서 우울해졌다. 그래서 자
살충동도 일어난다. 아들에게 인생은 엄마처럼 잿빛 하늘이다.

아들이 우울해지고 간혹 죽고 싶다는 말을 생각 없이 하는 것은 들었지만, 막상 카톡 대화를 확인하니 당장 무슨 일이라도 일어날 것처럼 엄마는 불안해했다.

엄마는 태연하게 컴퓨터 게임에 열중인 아들을 불렀다. 그리고 최근 감정 상태를 물었다. 기복은 없는가? 특별한 일은 없는가? 엄마에게 숨기는 일이 있는 것은 아닌가? 그런데 아들은 어이없는 웃음으로 대꾸했다. 엄마는 태연스럽게 말하는 아들이 두려웠다.

"어쩌면 엄청난 일을 생각하면서도 저렇게 아무렇지도 않은 표정을 지을 수 있을까?"

엄마는 아들의 자살충동에 대해 직접적으로 말할까 말까를 고민하다가, 그만 아들의 방에서 나왔다. 사람의 생각과 글과 실천은 다르다. 이 사실을 남편에게 말해야 하나, 말아야 하나. 말한다면? 남편은 사춘기 아이들의 충동성 대화 따위로 쓸데없는 걱정이나 한다고 뭐라 하겠지. 말하지 않는데 자살소동이라도 벌어진다면? 남편은 도대체 여자가 집안에서 무엇을 하고 있었느냐며 화를 내겠지.

엄마는 우선 머리라도 식히자고 밖으로 나갔다. 삼삼오오 짝을 지어 학원 수업을 마치고 집으로 돌아가는 아들 또래의 학생들이 보였다. 아들은 작년에 모든 학원을 끊었다. 초등학생 때처럼 억지로는 될 일이 아니었기 때문이다. 오늘따라 봄바람은 차갑고 세다. 공원 벤치에서 30분 이상을 멍하니 앉아 있었더니 마음이 안정되었다. 상담 중에 내가 한 말을 떠올렸다고 한다.

"당장 말하고 싶은 부정적 감정은 5분을 기다리면 진정됩니다. 말할 것인가, 말 것인가는 그때 결정해도 늦지 않습니다. 그래도 진정이 안 된다면 밖으로 나가 30분을 아무 생각 없이 있어 보세요. 웬만한 감정은 다 진정됩니다."

아들의 자살충동은 내 탓? 남편 탓?

벤처기업을 운영하는 남편은 일을 핑계로 이른 아침에 집을 나가 밤 열두 시가 넘어서야 집으로 돌아온다. 직장생활을 하던 신혼 초부터 줄곧 그랬다. 아들이 초등학생일 때, 친구 집에 놀러갔다가 저녁 일곱 시인데도 친구 아버지가 집에 계신 것을 보고 깜짝 놀라 집에 와서 엄마에게 몰래 한 말이다. "엄마, 다른 집 아빠는 일곱 시에도 집에 계셔."

부부는 극히 사소한 일상적인 일 외에는 거의 말할 기회가 없었다. 쉬는 날이면 남편은 집에서 반나절 이상을 자는 경우가 태반이다. 손님 접대로 골프장으로 나가기도 한다. 쉬는 날에 쉬지도 못하고, 고객관리나 하는 자신을 이해해 달라 한다. 남편은 가정에서 자신의 역할을 돈 대주는 것으로 한정 짓고 있는 것 같았다. 그런 남편의 입장을 이해 못할 것은 아니지만, 가랑비에 도포 젖는다고 했다. 17년 동안의 무미건조한 부부생활에 아내는 만성 우울증을 앓고 있었다. 남편 또한 우울한 아내를 이해하기보다는, 하루 24시간이 부족한 자신에 대해 내조가 부족하다고 투덜거렸다. 이렇게 부부는 서서히 남남이 되어갔다.

거의 모든 시간을 엄마와 함께 지내온 아들의 우울을, 엄마는 자신의 우울한 모습 때문이라 여겼다. 아들 앞에서 우울하지 않으려 많은 노력을 했으나 남편의 지지를 받지 못하는 엄마에게 쉬운 일이 아니었다. 엄마가 앓는 우울증의 총량이 늘어날수록 아들에 대한 죄책감의 총량도 따라 늘었다. 그러다가 가족들에게 무심한 남편에게 화살을 돌렸다. "당신이 가족을 위해서 하는 일이 돈이면 다야?" 이렇게 되면 아들의 자살충동의 근원은 남편이 된다. 나 때문, 남편 때문, 해결 없는 생각들이 엄마의 마음을 고통스럽게 맴돈다.

그럴 때마다 생각나는 친구가 있다. 친구의 남편은 5년 전 교통사고로 휠체어에 몸을 의지하여 생활하고 있다. 잘 다니던 좋은 직장을 그만둘 수밖에 없었다. 친구는 남편의 보상금과 퇴직금을 모아 지방으로 내려가서 보습학원을 차렸다. 네 식구 살림을 꾸려 나갈 정도의 벌이는 된다. 친구는 가끔 전화로 그런 남편에 대한 불평과 동정을 말하지만, 비교적 씩씩하게 잘 살아간다.

엄마는 그 친구와 자신을 역지사지해 보았다. 나라면 어땠을까. 지방으로 내려가 내 일을 할 용기가 있었을까. 남편에 대한 집착에서 벗어나 자기 일에 집중할 수 있었을까. 자신이 없었다. 친구보다는 차라리 자신의 상태가 더 안정적이라 생각했다. 친구보다 안정된 것을 가지고 있으면서도 친구보다 불행한 자신이 미웠다.

우울증 환자의 귀인이론

지금 당장 아들의 자살충동을 해결해야 하는데 어떻게 해야 할지 모르겠다. 엄마는 이러지도 저러지도 못한다. '어떡해? 어떡해?' 하면서 좁은 공간에 갇혀 있는 사람이 된다. 그 좁은 공간에서 엄마는 혼자이다. 해결책은 없다. 엄마는 지인들로부터 당신이 강해야 아이들에게 든든한 아빠의 역할까지 해줄 수 있다는 말을 들었다. 다 강 건너 불구경하는 듣기 싫은 말들이다. 남의 일에 뒷짐이나 지고 훈계하는 그런 모습에 진저리난다. 엄마는 꼼짝달싹 못하고 내 탓, 남편 탓 사이만 왔다 갔다 할 뿐이다. 이런 태도가 또한 우울증의 원인인 것을 알지만, 마음의 아픔은 안다고 해결되는 것이 아니다.

"좋은 일은 너 때문, 나쁜 일은 나 때문", 이것이 우울증 환자의 귀인이론이다. 엄마에게 아들의 우울증은 '나 때문'이었다.

'남편 때문'으로 갔다가 다시 '나 때문'으로 되돌아온다. "그래도 남편은 돈이라도 잘 벌어다 주어 가정의 풍요에 기여하지 않는 가. 나는 이 집 파출부에 불과하다."

우울증 환자의 인지치료 원칙은 나쁜 일에 대한 '나 때문'에서 벗어나게 하는 것이다. 나는 그녀에게 누구 탓이라는 생각을 빨리 버리라고 했다. 누구 탓이 들 때마다 '이것은 마음의 장난'이라고 여기고 생각을 다른 곳으로 돌리라 했다. 그리고 바로 그런 마음의 상태, 선택도 결정도 못하고 한 자리에서 왔다 갔다 불안해하는 수감자의 그 태도가 과거 어디서부터 왔는지 잘 생각해보라 했다.

"너는 왜 그 모양이야"를 낳은 엄마의 둘째 콤플렉스

엄마는 언니와 남동생 사이에 둘째 딸로 태어났다. 둘째 콤플렉스를 단단히 치르면서 컸다. 언니는 공부밖에 모르는, 하루 종일 공부만 함으로 부모에게 인정받는 딸이었다. 언니는 공부가 벼슬이었고 부모도 인정해 주었다. 3대 독자인 남동생은 남자라는 것만으로 부모는 물론 조부모에게, 그리고 일가친척들에게 사랑을 받았다. 동생은 남자라는 것이 벼슬이었다.

그러나 그녀만 벼슬이 없었다. 잘 따지고 보면 벼슬이 없었던 것은 아니지만, 언니와 동생의 벼슬이 워낙 컸기에 하인처럼 되었다. 집안의 자질구레한 일들은 자연스럽게 그녀의 몫이었다. 그런 몫을 해내면서 인정을 구걸했다. 엄마의 회상에 의하면, 그것은 인정받으려는 자신의 적극적인 태도라기보다는 그거라도 잘하라는 부모의 은근한 메시지였다고 한다.

가끔 농담 반, 진단 반으로 하는 부모의 말을 잊을 수 없다. "너는 집안일을 잘하는 것으로도 족해. 그런데 왜 그 모양이야?" 이 말을 들을 때마다 공부도 싫고 집안일도 싫은 아무것도 못하는 딸이 된 기분이었다.

남편은 자기 일만 아는 사람이다. 스스로 변화하기도, 변화시키기도 힘든 사람이다. 그러면 남편의 변화는 남편의 몫으로 돌려야 한다. 변화시킬 수 없는 사람을 가지고 부부는 일심동체여야 한다며 변화시키려 애를 쓰는 일은 에너지 낭비다. 그녀는 스스로를 달래주고 위로해주는 일을 찾아야 했다. 가족사는 나 몰라라 하고 사는 남편에게 종속될 것이 아니라 스스로 독립된 위치를 확보해야 했다. 이 과정에서 남편과의 갈등은 불가피하다. 남편이 "여보, 요즘 당신 나를 대하는 방식이 달라졌지?" 하고 물으면 이렇게 대답할 줄도 알아야 한다. "나? 두 역할을 하잖아. 아이의 엄마와 아빠 역할. 이해해줘."

그러나 "그런데 왜 그 모양이야"라는 테이프가 자동으로 돌아가면서 아무것도 못하는 아내요 엄마가 되고 만 것이다. 남편에게도 자식에게도 "너는 왜 그 모양이야"가 되었다. 어떤 선택이나 결정도 망설이는 어정쩡한 입장이다. 아들에게 하고 싶은 말을 막 내뱉고 싶을 때가 있으나 못 한다. 내가 하는 것은 사람들에게 별 도움이 안 된다고 생각하기 때문이다. 그녀가 돌아갈 곳은 아무것도 못하는 자신이 만든 감옥이다. 남편은 이런 아내가 답답하여 자기만의 세상을 만들었고, 아들은 엄마의 모습을 닮게 된 것이다.

아들의 자살소동도 그렇다. 남편에게는 의례적으로 고지만 하고 협조하면 고마워하고, 이유를 들면서 안 하면 늘 그랬듯이 '그러려니' 하는 수밖에 없다. 그런데 '나는 왜 그 모양이지'라는 자신에 대한 비하를 핑계로 아직도 남편이 무언가 해주기를 바라는 의존심리가 있다. 뒤따라오는 것은 실망, 정리되지 않은 많은 생각들, 해소되지 않은 불안, 그리고 우울이다. 부모를 의존하지도, 의존을 포기하지도 못한 둘째 콤플렉스가 17년 결혼 생활까지 따라왔다.

'꼼짝달싹 감옥'에서 나오는 용기

이 밖에도 많은 자유연상과 분석이 진행된 후에 나는 이렇게 말했다.

"지금의 '꼼짝달싹 감옥'은 당신이 만들었습니다. 재료는 원 가족 안에 있었습니다. 그 감옥은 상황을 피하여 당신을 숨겨주는 곳이었습니다. 좀 더 구체적으로 말하면, 선택과 결정 뒤에 따라오는 책임을 면하게 해주는 곳입니다. 그곳은 안정된 곳이지만 성장을 멈추게 합니다. 그곳은 방어기지이지 공격기지가 아닙니다. 공부를 잘하는 언니를 따라갈 수 없었고, 아들인 것만으로 부모의 사랑을 듬뿍 받은 동생도 따라갈 수 없었던 곳입니다. 내 인생은 내 것, 내 인생을 살아야겠다, 이런 결정은 언제나 당신에게 위험한 것이었습니다. '너는 왜 그 모양이야' 하는 메시지가 당신을 꼼짝달싹 감옥에 가두었습니다. 이유야 어쨌든 스스로 들어간 감옥은 스스로 나와야 합니다."

그녀는 상담 중에는 결코 짧지 않는 5분 동안을 침묵한 후, 회한의 긴 한숨을 내쉬었다. "제가 '너는 왜 그 모양이야'를 그대로 제 것으로 받았군요. 그곳에 들어가 아무것도 못하는 사람으로……"

"감옥에 갇힌 자라면, 간수가 지키고 있어 거기서 나오지 못합니다. 그러나 스스로 들어간 감옥이라면 간수는 없습니다. 아니 내가 간수입니다. 내 발로 나오기만 하면 됩니다. 간수는 나를 돕는 자에 불과합니다."

엄마는 차츰 자신이 갇힌 감옥의 진실을 깨달아갔다. 깨달음은 곧 치유다. 치유는 이전에 할 수 없었던 것을 할 수 있게 해주는 용기를 동반한다. 용기는 어린 시절의 안전한 곳을 빠져나오게 한다. 그녀가 남편에게 자신의 말을 하지 못하는 것은 남편에 대한 두려움 때문이 아니다. 아들에게 자신의 감정을 표현 못하는 것은 아들이 더 나빠진다는 판단 때문이 아니다. 곤란한 상황에 직면하고 책임지는 것을 피하여 몸에 밴 '꼼짝달싹 감옥'으로 스스로 돌아갔기 때문이다. 이후 여러 상담이 진행되면서 엄마가 한 말이다.

"남편이 내 말을 듣든지 말든지, 아들의 자살충동에 대해 하고 싶은 모든 말을 했어요. 전과는 다른 제 표정을 보더니 이야기를 막지는 않았어요. 듣는 태도도 전과 같지 않았어요. 저도 눈치 보지 않고 당당히 말하는 자신을 보고 기뻤어요. 그리고 아들 방에 가서는 이판사판 다 꺼내놓고 이야기해보자는 식으로 말했어요. 철없는 아들에게 자살충동이 왔다 갔다 하는데, 쉬쉬할 것이 무엇이 있겠어요. 나는 너의 비밀스러운 태도가 싫다. 너의 부모가 싸움 많이 하는 것은 사실이다. 그러나 물리적·언어적 폭력 등 극단으로 가지는 않았다. 너희들에게 피해 안 가게 하느라 노력했다. 대신 그 밖의 다른 것들은 최선을 다했다. 하나가 부족하다고 전부가 부족한 것처럼 자살이나 하고 싶다는 말을 하지 마라. 너는 자살소동으로 나를 협박하는 것 같다. 막소리 높여 이야기했더니 성낼 것만 같았던 아들은 크게 웃으면서 '엄마 왜 이러느냐'고 했어요. 아들의 웃는 모습은 정말 오랜만에 봤어요. 아들은 자기가 하고 싶은 말을 내가 대신해줘서 고맙다며 놀라지 말라고 나를 위로해 주었어요. 저는 처음으로 남편과 아들에게 끌려가지 않아 승자가 된 기분이었어요."

나만의 모양이 가진 빛을 세상에 비추기

매사 자신을 질책하는 사람은 해소되지 않는 생각만 많아진다. 그 생각들이 내 마음속 감옥의 높은 담벼락을 만든다. 내가 만든 곳에서 나 스스로 나와야 한다. 나오는 방법은 공격성을 사용하는 건데 '나는 왜 그 모양'이란 생각을 버리는 거다. 그리고 '나는 이 모양이어서 감사하고 기쁘다'로 바꿔야 한다.

모든 인생은 자기만의 모양이 있다. 그녀는 자기의 모양이 결정되기도 전에 그 모양이 부끄러워 움츠렸다. 결과는 아무 모양도 없는 사람이 되었다. 그게 내면의 감옥이다. 내가 어떤 모양을 가진다는 것은 내 존재감의 표현이다. 그것은 남이 어떻게 생각하든지 나의 진심에서 나온 공격성을 사용함으로 얻어진다. 나는 공부 잘하는 언니도, 남자인 동생도 아니다. 내가 나 된 모습을 인정함으로 언니와 동생과는 구별된 내가 된다. 자기의 생긴 모양을 존중하는 사람이 그 모양이 가진 빛을 세상에 비출 줄도 안다. 남편과 아들의 눈치만 볼 것이 아니라, 좀 싫은 소리를 듣더라도, 진정한 내가 되기 위한 몸부림이 있어야 한다.

세상과 우주는 존재의 유기체적 연결이다. 나는 왜 이 모양이냐고 아무것도 안 하면 유기체는 멈춘다. 당신의 모양은 세상에 단 하나이다. 당신의 모양은 빛을 낼 준비를 다 갖추었다. 필요한 것은 당신의 감옥에서 나오는 용기이다. 용기는 자기로 살게 한다. 당신이 나오면 유기체는 다시 돌아간다. 남편과 아들에게 당당히 그녀의 말을 한 엄마, 그 순간 가족은 숨통이 열려 역동적으로 움직인다.

19세기 사상가 헨리 드러먼드Henry Drummond의 말이다.

"우주의 모든 원자는 다른 모든 원자에게 영향을 줄 수 있으나, 그것은 바로 옆에 있는 원자를 통해서만 가능하다. 이와 같이 바로 옆 사람에게 먼저 영향을 주면, 틀림없이 모든 사람들에게 영향을 줄 수 있을 것이다."

술래가 되고 싶지 않은 엄마

우울하고 냉담했던
마음속 얼음 녹이기

대학을 마친 아들이 한 달 후면 미국으로 유학을 간다. 명문대학에 장학생으로 가는 것이기에 엄마는 기뻐해야 했다.

그러나 엄마는 불안해서 잠을 잘 수가 없었다. 떠나보내면 안 되는 자식을 마치 엄마가 등 떠밀어 내보내는 것 같은 느낌이 들었다. '어서 잡아라. 자식을 내보내는 엄마가 어디 있어. 넌 엄마로서 마땅히 해야 할 일을 안 하고 있는 거야.'

아들은 매우 내성적이었다. 주로 책 속에 묻혀 지냈고, 친구는 손가락으로 꼽을 정도만 있었다. 공부를 잘하는 데다 회피적 성격이어서 오히려 교만하게 보여, 급우들에게 여러 번 따돌림을 당하기도 했다. 청소년 따돌림이란 것이 언어적 폭력은 물론, 물리적 폭력도 따라오는 경우가 허다하다. 엄마는 아들에게 그런 몹쓸 일이 일어나고 있음을 직감적으로 알아차렸다. 집에 와서는 말도 못하고 제 방에 틀어박혀 책이나 보는 아들을 보면 절벽에서 떨어지는 기분이다.

아들 진로문제로 담임교사와 상담하러 갔을 때였다. 쉬는 시간에 학생들은 삼삼오오로 짝을 지어 수다를 떨고 있는데, 아들은 제자리에 조용히 앉아 책을 보고 있는 모습이 서글프게 보였다. 선생님은 아들의 성실성을 칭찬했지만, 엄마는 외톨이였던 자신의 고등학교 때를 기억하며 마음이 편치 않았다. 친밀한 친구관계 없이 공부 하나 잘하는 것으로 긴 학창시절을 버틴다는 것이 얼마나 힘든 일인지, 엄마는 자신의 경험을 비추어 잘 알고 있었다.

"꼭 유학을 가야 하니. 너 정도면 한국에서도 잘할 수 있잖아. 요즘 유학 갔다 와도 대수 아니라더라. 인간관계를 힘들어하던 네가 멀리 외국으로 나가면 더 힘들 거잖아. 거기서 우울증이라도 걸리면 어쩌려고. 너무 외로우면 마약에 빠지는 경우도 많다더라!"

아들의 생각은 달랐다.

"엄마, 그만하세요. 저는 엄마가 생각하는 그런 아들이 아니에요. 제가 비록 인간관계를 힘들어하지만, 그게 저의 전부는 아니잖아요. 그 밖에 많은 장점을 가지고 있다는 것을 아시잖아요. 하나를 못 한다고 다른 모든 것들도 못하는 것은 아니에요. 못하는 그 하나의 반대편에 있는 것들은 남들보다 더 잘해요."

아들의 말은 옳다. 그렇다고 아들을 염려하는 엄마의 생각도 전혀 근거가 없는 것은 아니다. 지금까지 아들의 삶을 곁에서 지켜봤을 때, 엄마는 아들이 잘할 수 있는 것과 잘할 수 없는 게 무엇인지 잘 안다. 그러나 엄마는 아들의 못하는 것이 더욱 크게 보인다.

아들은 인간관계가 뜻대로 안 되면 아예 회피하고 책 속에 빠진다. 중학교 때는 자폐라고 놀림을 받은 적도 있었다. 아들이 바다 건너 먼 나라로 유학 가는 것은 엄마가 보기에 은둔하는 수도자가 되려고 떠나는 것 같다. 엄마는 자신의 느낌이 극단적이라는 것을 잘 안다. 하지만 그 느낌을 통제하기는 힘들다. 엄마의 불안은 아들 때문이라기보다는 엄마 자신에게서 비롯된 것이다.

얼음에 갇혀버린 엄마

그녀는 어린 시절부터 자신의 성격을 얼음땡 놀이에 빗대어 설명했다. 얼음땡 놀이는 1960년대와 70년대에 걸쳐 어린이들이 즐겨 했던 놀이다. 술래를 정해놓고 그 술래가 몸을 치기 직전에 "얼음" 하고 제자리에 앉으면 산다. "얼음"을 미처 외치지 못했는데 술래가 몸을 친다거나, 얼음 상태에서 조금이라도 몸을 움직이면 그가 술래가 된다. 술래가 아닌 다른 친구가 찾아와 얼음이 된 사람의 몸을 치면서 "땡" 하고 외치면 그는 다시 살아나는 놀이이다.

그녀는 "얼음" 하면 진짜 얼음이 되었다. 누가 "땡" 하고 몸을 쳐줘도 도망가지 못하고 그냥 얼음이 되어 땅바닥에 붙어 있었다. 다른 모든 사람들은 그녀를 술래로 만드는 두려운 존재였다. 그녀를 도우려 가까이 오는 사람을 믿을 수 없었다. 놀이로 비유되는 그녀의 얼음 성격은 이런 특징을 가졌다.

첫째, 타인이 가까이 오면 자기에게 해를 끼칠 것 같아 불안하여 거리 두기를 한다. 둘째, 상대에게 먼저 다가가지 못 한다. 셋째, 다른 사람과 함께하는 일에는 매우 서툴지만 혼자 하는 일은 남들보다 뛰어났다. 그녀가 수학을 전공한 것은 혼자 문제풀이에 빠지는 것을 즐겼고 잘했기 때문이다. 대학 졸업 후에는 수학 과외 선생님으로 잠깐 동안 자기 일을 가질 수 있었다. 그녀는 자신의 성격이 왜 그렇게 됐는지 잘 알고 있다.

'완전 얼음'이 될 것 같다는 불안

부모님은 그 지역에서 농사터가 좀 있는 분이셨다. 농사일이 많아 저녁 늦게까지 일하시고 어두워서야 집에 들어오셨다. 그녀는 그때까지 두 살과 세 살의 어린 동생을 돌봐야 했다. 그녀 또한 돌봄이 필요한 일곱 살의 나이였는데 말이다. 할아버지가 집에 계셨으나 그 분은 손주를 돌보는 분이 아니었다. 일을 끝내고 늦게 들어오시는 엄마는 방 안과 동생들이 엉망으로 되어 있는 것을 보고 그녀를 나무랐다. 다 큰 애가 애 하나 제대로 못 본다, 집안이 이 꼴인데 청소를 해놓지 않는다며 그녀의 나이 일곱 살인데 다 큰 아이처럼 취급받아야 했다. 돌이켜 생각해보면, 엄마는 아이들 돌보는 일과 집안일에는 일절 관심이 없는 할아버지와 아버지 들으라고 일부러 불만을 그녀에게 퍼부으셨던 것 같다. 그녀는 동생과 함께 있는 많은 시간을 혼날 생각에 두려워했다. 진짜 혼났을 때는 그야말로 얼음이 됐다. 거의 매일 얼음이 됐다고 해도 과언이 아니다.

그녀의 마음속에는 알 수 없는 불안들로 가득 차 있었다. 그녀의 엄마가 그녀에게 얼음을 풀어주는 땡이 되어주지 못했으니, 그녀는 세상에 그녀를 위한 땡이 없다고 믿었다. 그녀는 자기를 지키는 방법으로 더 차갑고 딱딱한 얼음이 되기로 했다. 그리고 그것을 풀어내는 유일한 벗은 책이었다. 책이 그녀를 살려주었다.

누구나 인생길에서 각자의 구원자를 만난다. 다행히도 그런 아내에 대한 배려가 남다른 남편을 만나 결혼했다. 남편은 그녀가 경험한 유일한, 그녀를 얼음에서 풀어준 '땡'이었다. 여전히 외출을 하거나, 낯선 사람을 만나거나, 시댁 일을 하는 것이 힘들었지만, 남편의 지원 속에 그럭저럭 해낼 수 있었다.

그러나 아이를 낳자 그녀의 얼음이 다시 나왔다. '내가 그렇게 컸으니 나는 아이들에게 그렇게 대하지 않겠어' 하고 결혼 전부터 많은 시간 다짐을 했으나, 막상 아이를 낳고 보니 내 결심은 결심이 아니었다. 무의식에 있던 얼음이 출산과 육아의 스트레스를 덮은 것이다. 정신분석학자 도널드 위니캇Donald Winnicott은 엄마의 엄마 됨은 그녀의 엄마에게서 배운다고 했다. 모든 엄마는 자녀 양육에 있어서 그녀의 엄마가 그녀를 양육했던 방식을 되풀이한다는 것이다. 부모 교육도 중요하지만, 그것은 이성적 통찰만 제공한다. 무의식적으로 작동하는 과거의 메시지를 말로 표현하는 '정신분석 상담'이야말로 치료적 효과가 있다.

그녀는 아들을 사랑했지만 어떻게 사랑해야 할지를 몰랐다. 그녀의 의지와는 상관없이 오랫동안 그녀의 내면에 있던 얼음이 아이 양육에서도 튀어나왔다. 그녀의 엄마가 그녀에게 한 것처럼, 아들에게 마음에 안 드는 것이 보이면 따뜻하게 타이르기보다는 거의 반사적으로 냉정하고 싸늘하게 대하곤 했다.

설상가상으로 결혼 3년 차가 되자 성격 차이를 이유로 남편과의 갈등이 많아졌다. 그녀는 남편에 대한 불만을 그녀의 엄마가 그러했듯이 아이를 야단치는 것으로 대신하곤 했다. 그녀는 그런 자신을 원망했고, 하필이면 그 많은 엄마 중에 왜 내 몸에서 태어났느냐며 아들을 동정하기도 했다. '좀 더 따뜻하고 친절하게' 이런 다짐이 오래 가지 않았다. 자신도 모르게 과거의 미해결된 문제로 돌아가면, 우울하고 냉담한 엄마가 되어 있었다.

엄마가 보는 아들은 '반쯤 얼음'이었고, 그것은 전적으로 자기 책임이었다. '완전 얼음'인 엄마가 눈물 나는 노력으로 '반쯤 얼음'을 만든 것은 절반의 성공이다. 그러나 엄마는 아들도 자기처럼 곧 완전 얼음으로 돌아가 극도의 불안이 있을 것이라 생각했다. 이것을 '투사'라 한다. 극구 유학을 반대한 가장 큰 이유이다. 반쯤 얼음은 50%의 가능성이 있다. 완전 얼음은 가능성이 없다. 그래서 자식에게 유학은 안 돼, 이렇게 된 것이다.

마음의 체온으로 마음속 얼음 녹이기

다 큰 자식은 물리적으로 엄마 품을 떠난다. 그러나 불안한 엄마는 아이를 물가로 내보내는 것 같다. 자기 불안이 아이에게 옮겨진 것뿐이다. 많은 엄마는 군대 간 아들의 옷이 택배로 돌아오면 그 옷을 붙들고 운다. 아들은 훈련소에서 적응을 잘하고 훈련을 잘 받고 있는데도 말이다. 엄마의 불안이 투사되어 아들도 힘들 거라고 생각해서 그렇다. 물론 이런 엄마의 불안은 유아기 아이들에게 더 깊은 애착관계를 형성하여 모자관계에 크게 기여하는 순기능 측면도 있다. 그러나 때가 되면 불안을 거두어들여야, 엄마도 자식도 각자의 삶을 살아갈 수 있다.

나는 아들을 얼음으로 만들었다고 자책하는 엄마를 격려했다.

"실패하지 않는 엄마는 없습니다. 기적은 50% 안에서 일어납니다. 완전 얼음에서 반쪽 얼음의 탄생은 창조입니다. 최선을 다했고 만족스러운 결과입니다. 아들은 나머지 반쪽을 스스로 책임질 겁니다."

부족한 것이 많다고 생각하는 엄마일수록, 그 부족을 채우고 완전한 엄마가 되려 한다. 그러나 완전한 엄마는 없으니 이는 100% 실패한다. 그녀는 차가운 엄마였기에 완전히 따뜻한 엄마가 되려는 강박관념이 있었다. 강박적인 사람은 원하는 대로 되지 않으면 상황을 파국적으로 해석하는 경향이 있다. 엄마의 파국적 생각은 '나는 아들도 얼음으로 만들었다, 나는 실패자다, 아들도 나처럼 실패할 것이다, 유학가면 안 된다' 등이다.

어떤 부모든 자식 양육에 있어서 그들의 원 부모에게 받은 것에서 50%의 개선이 이루어진다면 대성공이다. 100%는 있을 수 없고 있어서도 안 된다. 만일 그것이 가능하고 그런 기법이 실용

화된다면 이 땅의 모든 사람들은 공장에서 기계로 찍어낸 똑같은 사람들이 될 것이다. 50%는 자기가 만든다. 자기의 개성으로.

보웬Murray Bowen의 가족치료이론에 따르면, 가족 훈육 방법은 세대 간 전수된다. 나는 이것을 인류의 심리적 진화과정으로 본다. 일부는 닮고 남은 일부는 자기 방식으로 진화한다. 어떻게 자녀를 대해주어야 자녀의 역기능적인 측면을 개선할 수 있을지 엄마들은 묻는다. 이 질문은 모순이 있다. 자녀 양육백과를 보면 이미 매뉴얼처럼 다 나와 있다. 알면서도 안 된다. 알지만 안 돼야 한다. 왜? 모든 아이들을 공장에서 찍어낸 아이로 만들 수는 없으니까.

엄마는 자기 것을 자녀에게 준다. 매뉴얼은 아주 적은 부분에서 유익하다. 내가 자주 하는 말이다. "자식 입장에서 '엄마가 예전에 비해 30% 정도 달라지셨네' 하면 됩니다. 그 이상은 엄마의 영역이 아닙니다. 변화의 바통은 아이가 가지고 달립니다."

부부심리학자 존 가트맨John Gottman도 부부 갈등 중에 30%는 해결 가능하나, 나머지 70%는 해결 불가능한 것이니 다름을 인정해주어야 한다고 했다. 어떤 인간관계든 30%의 개선이 이루어졌다면 최고치이고, 그 이상을 기대한다면 실망할 가능성이 높다. 인간의 갈등은 성장의 동력이다.

"아들에게 있는 50%의 얼음, 그것 때문에 아들은 인간관계에서 힘들 수도 있습니다. 그러나 그 힘듦을 극복하며 생존능력을 강화시킬 것입니다. 어머니가 홀로 수학문제를 푸는 것에서 희열을 느꼈듯이, 아들도 홀로 과학적 탐구에 희열을 느낄 것입니다. 다 가지고 태어나는 사람은 없습니다."

지금은 엄마의 얼음을 녹여야 할 때다. 마음속의 얼음은 마음의 체온으로 녹인다. 나는 그녀에게 말했다.

"아들 양육에 있어서 할 만큼 했다고 믿으세요. 반쯤 얼음도 아들의 삶에 긍정적으로 기여할 수 있음을 믿으세요. 엄마 탓으로만 돌리지 마시고, 아들의 것은 아들의 몫으로 돌리세요. 미국으로 가는 아들을 편안한 마음으로 놓아주세요. 엄마의 의사와는 상관없이 제 길을 가는 거라고 믿으세요. 그렇게 한다면 당신의 마음 안에서 따뜻함이 느껴질 것입니다. 그 체온은 당신의 얼음을 녹입니다. 자식을 유기하거나 폭행하지 않았다면, 노력했는데 한계에 봉착했을 뿐이라면, 당신의 양육 방법을 수용하고 자식을 믿으세요."

엄마가 되지 말아야 할 사람이 엄마가 됐다고, 절망에 빠져 펑펑 우는 엄마에게 충분히 울 시간을 드린 후에 말했다. "엄마가 되지 말아야 할 사람이 엄마가 됐다면, 그것은 가장 큰 성공입니다. 엄마의 성공 여부는 자식의 성공 여부에 맞추는 것이 아닙니다." ✿

엄마 마음 돌아보기

자식의 고통은 엄마의 상처로부터 비롯된다

허황된 꿈만 꾸던 아들

아버지를 떠나보내지 못하는 딸

아들이 따돌림 당할 때

서른일곱 딸의 감정 폭발

허황된 꿈만 꾸던 아들

과거로의 시간여행으로
자기애에서 벗어나기

 수도권에 있는 지방대학을 두 곳이나 다니다가 자퇴한 청년이 있었다.

"막상 입학하고 나니 저의 포부를 이룰 수 없는 대학이었습니다. 제가 왜 삼류 지방대학을 다녀야 하는지 모르겠어요."

"너의 포부가 뭐니?"

"파리에 유학 갔다가 한국에 와서 교수하는 것입니다."

"프랑스를 고집하는 이유가 뭐지?"

"프랑스는 자유와 낭만이 있는 곳입니다. 그곳은 저의 이상향입니다."

"공부가 하고 싶은 건가, 이상을 향유하고 싶은 건가?"

"……"

이 양반, 자유와 낭만으로 교수 되려 하는가. 프랑스 유학파가 되어 교수하려는 청년이 수도권 지방대학을 마음에 들어 할 리가 없다. 6개월이 지난 뒤에 청년을 다시 만나서 물었다.

"프랑스 유학 준비는 잘 되고 있나?"

"영국으로 바뀌었습니다. 런던을 여행했는데, 안개에 가린 신비주의의 매력에 빠졌어요. 학문할 수 있는 최적의 환경입니다. 런던은 제가 기대하는 그 이상이 있을 것 같습니다."

"그렇구나."

"그런데요. 유학 가고 싶은 나라가 이번에 세 번째로 바뀐 거예요. 처음에는 중국이었고, 다음은 프랑스, 지금은 영국이에요."

아들의 모성에 대한 그리움

내가 그 청년을 처음 만났을 때 든 생각은 이러했다.

'이상은 높은데 노력은 안 하고 있다. 이상은 높고 노력은 없으니 그 이상도 자꾸 바뀌겠지. 분석심리학에서 낯선 이국 도시나 학교는 모성을 상징한다. 모성에 대한 그리움이 그런 나라, 그런 도시를 그리워하는 형태로 나타난 걸까. 이 뚱딴지같은 청년, 알고 보면 모성 결핍일 것이다.'

나의 직관은 맞았다. 청년은 밝고 자상한 엄마에게서 사랑을 듬뿍 받고 자랐다는 확신을 가지고 있었다. 그런데 성장과정을 탐색해보니 엄마가 좋아하는 것을 해내려고 애를 쓰는 엄마의 착한 아이였음이 밝혀졌다. 말하자면 엄마를 돌본 것이다. 이것은 거의 무의식적 역동으로 일어나기에 당사자들은 거의 모른다.

이 청년이 외국의 낯선 도시를 그리워하는 것은 자기를 이상적으로 받아주기를 원하는 모성이 전치되었기 때문이다. 그러다가 현실로 돌아와 부딪히는 일들이 생기면, 낯선 모성의 도시로 여행을 떠났다. 일시적 만족을 얻고 돌아와 또 다른 여행을 꿈꾼다. 이 청년은 발을 땅에 내딛지 못하고 둥둥 떠서 허망한 이상이나 쫓고 있었다. 꿈과 야망이 있는 청년이 아니라 아직도 모성을 그리워하는 엄마의 어린이였다.

내가 제일 먼저 할 일은 그 청년의 발을 하늘에서 땅으로 내리게 하는 것이었다. 나는 청년과 수개월의 개인 상담 끝에 그가 쫓던 허망한 이상은 모성에 대한 그리움에서 나온 것임을 알게 해줬다. 발이 하늘에 떠 있는 한 그의 이상은 절대 현실과 만날 수 없음도 깨달았다. 깨달음은 하늘에 떠 있는 그의 발을 서서히 땅으로 내려오게 했다.

이런 변화가 있은 후 그가 첫 번째로 결정한 것은 당장 발등에 떨어진 군 입대였다. 허망을 쫓던 그는 현실적 이유 없이 군 입대를 몇 년째 미루고 있었다. 나는 이 청년을 상담하면서 그의 엄마에 대해 생각해보았다.

'엄마는 대상보다는 자기 사랑에 빠져 계신 분일 거다. 남을 사랑하고 배려하는 방법이 서툴 것이다. 자식을 사랑하지만 어떻게 사랑하는지 잘 모를 거다. 그게 다 공감능력이 부족해서다. 자기애성 성격장애라고 할 수는 없지만, 그런 특성을 상당히 가지고 있을 거다.'

자기애에 빠져버린 엄마

아들이 입대한 후에 그 청년의 엄마는 아들의 빈자리가 크게 느껴졌고, 아들이 자신에게 상담을 통한 치료를 추천한 적도 있고 하여 상담을 요청했다.

이제 막 군대에 보낸 아들을 생각하면 엄마의 마음은 애잔해야 한다. 아들이 훈련 중에 다치지는 않았을까, 밥은 잘 먹고 있는가, 다른 병사들과의 관계는 잘하고 있는가, 부대 적응에 힘들어 엉뚱한 생각이나 하고 있는 건 아닐까, 이런 걱정이어야 한다.

그런데 엄마와 상담을 하다 보니, 아들에 대한 걱정보다는 아들이 나간 빈자리가 공허하다고 자기연민에 빠져 있었다. 엄마가 상담 받고 싶었던 내용은 바로 이것이다. '나는 왜 아들을 군대에 보낸 다른 엄마 같지 않을까?' 그녀는 인간관계에서 타인에게

정을 주는 것을 힘들어했다. 주고는 싶은데, 내 딴에는 준다고 주는데 상대로부터 돌아오는 반응은 "시니컬하다"였다. 그녀는 간호사로 일하고 있었으니 직업상 환자와 거리 두는 것이 필요했고, 자신의 성격적 단점은 오히려 그 일을 하는 데 도움이 된다고 생각해왔다.

아들을 군대에 보낸 지금, 아들에게 미안한 생각이 자꾸 든다. 왜? 아들이 아니라 자신에 대한 연민으로 우울해 있는 것을 발견했기 때문이다. 아들이 옆에 있다면 느끼지 못할 감정이었다. 그러나 지금은 자신의 시니컬한 성격을 여과 없이 마주하고 있다. 과거를 돌이켜보니 본의 아니게 아이들을 그렇게 시니컬하게 키운 것도 있다. 그래서 아들은 현실을 외면하고 몽상가가 됐나 보다.

하여 그녀의 과제는 어떻게 따뜻한 정을 주느냐 하는 것이다. 왜 정을 못 줄까? 바로 자신에게만 정의 초점을 맞추기 때문이다.

엄마는 어느 정도 자기애 상태가 맞다. 사람은 누구나 자기애의 상태에 있어야 하고, 그래야 생존과 사회화를 위한 이기적 행동을 한다. 그러니까 산다. 그러나 그 상태가 과해 다른 사람의 감정을 이해 못하는 사람들을 DSM5(미국정신의학회에서 발간하는 '정신장애의 진단 및 통계편람')에서는 '자기애성 성격장애'라 한다. 장애까지는 아니어도 이 특징에 고착되어 있는 사람은 인간관계

안에서 정을 주고받는 일을 잘 못 한다.

자기심리학자 하인즈 코헛Heinz Kohut에 의하면 자기애성 성격장애자의 의식은 'I am perfect(난 완벽해)'이다. 완벽한 자기를 사랑하다 보니 남을 사랑할 줄 모른다. 타인 사랑을 해도 자기를 위해서 한다. 자기 사랑에 갇혀 있다. 하지만 무의식에는 전혀 반대의 신념이 있다. 'I am not perfect(난 완벽하지 않아)'. 완벽하지 않은 자기를 방어하기 위해 완벽한 척하는 것이다.

정도의 차이는 있지만, 이런 부류에 속한 사람들의 특징은 다른 사람에게 정을 주지 못한다는 것이다. 정을 주는 것 같아도 목적은 자기만족이 된다. 상대는 그 정을 잘 못 느낀다. 이런 자기애 상태에 있는 사람과는 오랜 시간을 함께해도 친해지지 않는다. 내가 그에게 맞춰 관계를 유지하거나, 내가 그를 떠나 관계를 깨거나 둘 중에 하나이다. 그 청년이 가진 낯선 외국도시에 대한 막연한 그리움은 정을 주지 못하는 엄마를 떠나 정을 주는 엄마에게 가려는 무의식적 욕망이다.

정을 주지 못하는 사람은 의미 있는 인간관계를 만들지 못 한다. 직업적·형식적 관계에서는 가능하지만 정을 주고받아야 하는 실질적 관계에서는 낯선 이방인이 된다.

아들이 군대 가기 몇 주 전이었다. 남편은 기력이 있어야 훈련도 잘 받는다며 아들에게 사골을 다려 먹이고, 보약도 사다 먹였다. 아들을 데리고 병원에 다니면서 건강 체크도 해주었다. 훈련소에서는 과일을 맛보기 힘들다며 각종 과일을 사다 먹이기도 했다. 일찍 퇴근해서 아들과 함께하는 시간을 늘렸다. 이게 거의 엄마가 할 일이다. 엄마는 그저 마음이 애잔할 뿐이지 무엇을 해야 할지 모른다. 놀라운 것은 그 애잔함도 아들의 빈자리를 지키게 될 자신에 대한 연민이지 아들이 고생할 것을 걱정해서가 아니다.

그녀에게 무엇이 잘못됐나? 원인을 알면 문제의 절반 이상은 해결된다. 정신분석은 원인을 밝힌다. 그래야 재발도 최소화하고, 문제를 스스로 관리할 능력을 가진다.

어린 시절, 엄마 내면의 외로운 아이

그녀는 1남 3녀의 막내딸이었다. 여덟 살 되던 해에, 그녀의 언니들과 오빠는 학업을 위해 할머니와 함께 서울로 올라갔다. 그녀는 지방의 중소도시에서 부모님과 함께 셋이서 지냈다. 막내딸은 아직 어리다 하여 떼어놓을 수 없었다고 하나, 그녀 입장에서는 무한정 사랑해주던 할머니, 언니, 오빠와의 정서적 연결고리를 단번에 끊어야 하는 슬픈 사건이었다. 그녀는 홀로 외로운 시간을 보냈다.

전폭적인 사랑을 받던 막둥이의 좋은 시절은 지나갔다. 학교에 갔다 와서는 많은 시간을 홀로 보내야 했다. 일하러 나가신 부모님은 저녁에야 돌아오셨다. 전에는 할머니, 혹은 언니가 챙겨주었을 밥을 혼자 챙겨 먹어야 했다. 공부하는 것도 그렇다. 전에는 언니가 옆에 붙어 한글과 산수를 가르쳐줬으나, 이제는 혼자 해야 한다. 전에는 함께 놀아주는 든든한 오빠와 언니가 있었으나, 지금은 이 낯선 도시에 혼자다. 그녀를 지지하던 시스템이 갑자기 무너진 것이다.

사랑받는 막내에서 혼자 다 해야 하는 외동딸이 되었다. 'I am perfect'에서 'I am not perfect'가 된 것이다. 갑자기 추락하는 경우 날개를 달아야 비상한다. 날개 달 준비가 안 되어 있으면, 방어를 해야 떨어져도 깨지지 않는다. 그녀의 방어는 '자기 사랑'이었다. 내가 나를 사랑하는 보호껍질에 들어가 있는 것이다. 그리고 그 밖의 대상은 자기 사랑의 방편으로 사용한다. 사랑받으려고 공부했고, 공부 잘하여 인정받으면 저보다 못한 친구들을 속으로 업신여기며 우쭐해했다. 그녀는 자신을 지지하고 따르는 학생들을 늘 곁에 두었다. 좀 교만해 보이는 것도 능력처럼 여겼다.

이런 여성은 결혼 상대를 찾아도 '나를 보호할 사람'을 찾는다. 사랑을 주고받는 것은 손해 보는 장사라고 생각한다. 주지는 않고 받으려는 욕망 때문에 인간관계에 제한이 많지만, 그게 자신을 보호하는 방법이라고 믿으니 그런 인격의 사람이 되고 만다. 그것이 홀로 남은 외로움을 보호하기 위해 만든 '자기 사랑의 방'이었다. 그곳에는 갑자기 형제자매를 잃은 외로운 아이가 있다.

아이는 보호받아야 한다. 보호받아야 한다는 어린 시절의 허전함은 어느덧 두 아이의 엄마가 된 그녀의 마음에 여전히 남아 있다. 사람의 마음이 그렇다. 한 번 자리를 잡은 강한 심리적 자극은 좀처럼 없어지지 않아 개인의 성격을 형성한다. "성격은 인격이 아니라 환경의 소산이다." 정신분석은 이런 진술에 동의한다.

'나는 여전히 보호받아야 한다'는 이런 무의식적 욕망 때문에 자식들에게도 의례적이 되었다. 의례에는 따뜻한 정이 결여되어 있다. 의례는 교감이 아닌 보여주기 위한 것이다. 어린 시절의 상처를 치유하기 위해 그녀는 외로운 도시의 '자기 사랑의 방'으로 다시 들어가야 한다. 거기서 사랑과 관심을 기다리고 있는 한 소녀를 만나야 한다. 소녀가 되어 그때의 외로움과 자신을 홀로 두고 가버린 사람들에 대한 원망을 만나야 한다. 그때의 억압된 감정의 에너지가 풀려야 '자기 사랑의 방'이 '타인 사랑의 방'도 될 수 있다. 그래야 대상에 대한 이해, 배려, 따뜻함을 실천할 수 있다.

'자기 사랑의 방'에서 나온 엄마의 변화

상담실에서 우리는 오래된 과거로 여행하는 작업을 했다. 현대의 해결 중심의 심리학은 과거는 묻지 말라는 입장을 취한다. 아들러의 심리학도 과거에 대한 새로운 해석의 중요성을 언급한다. 위 두 가지 심리학이 상황에 따라서는 맞으나, 어린 시절의 상처에 원인을 둔 성격을 변화시키기에는 역부족이다. 현재는 곧 과거의 결과이다. 과거에는 현재를 변화시킬 열쇠가 있다. 억압된 감정이 무엇인지 알아차리고 느껴보고 표출해보자. 내면 안에 심리적으로 새로운 에너지가 순환됨을 경험할 것이다.

억압된 것을 의식화하는 동안 그때의 외로움이 재생되어 더 외롭고 슬퍼질 수 있다. 무의식에 가뒀던 것을 의식에 꺼내 놓으면서 일어나는 현상이니 걱정할 필요는 없다. "꼭 상담을 받아 전문가에게 이 이야기를 해야 하나?"라고 묻는 사람들이 있다. 그럼에도 전문가의 상담은 효과가 있다. 고통이 큰 사람일수록 더욱 그러하다. 나만의 이야기를 털어놓아도 될 좋은 친구가 있다면 그들이 상담사 역할을 대신해도 상당한 도움이 된다. 과거로 돌아가서 그때의 일기를 다시 써보는 것도 좋다. 혹은 잠들기 전에 거울 앞에 서서 거울에 비친 나를 어린 시절의 나라고 생각하고 대화하는 것도 상당한 도움이 된다.

나의 상담 경험상 과거로의 시간여행을 성공적으로 마친 사람은 자유, 편안, 자신감을 얻는다. 상담 중기가 넘어서자 그녀가 한 말이다. "긴장을 안 하고도 사람을 만날 수 있게 되었습니다. 사람들의 고민거리가 눈에 들어옵니다. 그 고민이 제 것처럼 느껴지는 낯선 감정을 만났어요."

그녀는 자기 사랑의 방에서 나왔다. 자기 사랑의 방은 유아기 동안에 머물러있어야 할 일종의 방어체계이다. 성인들 중에도 여전히 이 방어체계를 고수하고 있는 경우가 많다. 그들은 자기 애성 인격자가 된다. 혹 그가 권력과 재력을 가지고 있다면 그것을 사용하여 사람을 도구로 부릴 것이다.

권력과 재력을 가진 사람들 중에 자기애성 성격으로 퇴행한 사람들이 꽤 많다. 원하는 것은 다 얻을 수 있기 때문에 '나는 완벽해'가 된다. 성숙한 자기애는 상대의 완벽성도 인정해준다. 성숙한 자기애를 가진 권력자라야 그 권력을 섬기는 데에 사용한다. 성숙한 자기애를 가진 재력가라야 그 재력으로 봉사를 한다. 성숙한 자기애를 가진 정치인이라야 국민을 위한 정치를 한다. 성숙한 자기애를 가진 상담학 슈퍼바이저라야 학생들의 주머니를 제 주머니로 보지 않는다.

자기 사랑의 방에서 나온 엄마의 첫 번째 변화는 딸과의 관계 개선이다. 일반적으로 자기애성 엄마의 딸 또한 자기애성 성격을 지닌다. 상호 배려는 적고 욕구는 많으니 서로 으르렁거린다. 주로 상대를 통해 자기만족을 얻으려는 욕구 때문에 갈등이 일어난다. 자기애성에서 나온 엄마는 딸이 원하는 화법, 행동, 대화 방식 등을 알고 타협할 수 있기 때문에 갈등을 절반으로 줄인다. 공감의 중요성을 뒤늦게 발견한 사람들이 묻는다.

"어떻게 해야 타인을 공감할 수 있나요. 이날 이때까지 이렇게 살아왔는데요?"

"상대의 감정을 머리가 아닌 가슴으로 이해해보세요."

"……어떻게요?"

"자기 사랑의 방에서 나오세요."

"어떻게 나오나요?"

"자기 사랑의 방을 만든 과거로 시간여행을 떠나세요. 그때의 억압된 감정을 할 수 있는 한 생생히 느껴보세요."

엄마는 아들의 첫 휴가를 무척 기다렸다. 자기 자신이 아닌, 오직 아들을 위한 만남의 준비를 완료했다. 딸과의 관계가 개선되었다면, 아들과의 관계 변화는 절반의 노력만으로도 충분하다. 🕷

아버지를 떠나보내지 못하는 딸

강직한 가면을 벗고
여린 엄마 보여주기

아버지는 2년째 중환자실에 누워 계셨다. 산소 호흡기만 빼면 이 세상 사람이 아니다. 의사는 회생 가능성이 희박하다고 선언했고, 가족들의 결정만 있으면 언제든지 산소 호흡기를 빼겠다고 했다.

진작 빼야 할 것을 미루는 이유는 막내딸 때문이다. 아버지가 많은 재산을 남겼으니 병원비는 문제가 되지 않는다. 엄마와 세 명의 언니는 아빠의 존엄한 죽음을 선택했다. 그러나 마음이 여린 막내는 결정을 못 내리고 있다.

아버지는 외국에서 건설업을 하셨다. 아버지는 분기마다 한 번씩 집에 들어오시는데, 가족은 이를 아버지의 분기 행사라고 하였다. 1년에 네 번 정도 집에 들어오는 아버지와 가족들 간에 애정관계가 형성될 리 만무하다. 하지만 막내의 아버지 사랑은 특별했다. 아버지가 집에 돌아오는 날이면 아버지와 가장 많은 시간을 함께했다. 아버지와 단둘이 여행도 여러 번 했다.

막내는 고등학교에 입학하기 전까지는 아버지의 분기 행사를 그다지 반기지 않는 가족들을 이상하게 생각했다. "우리 집 분위기는 참 이상해!" 막내가 아버지와 친밀한 관계를 유지하는 것은 집안의 분위기를 갱신하려는 그녀만의 노력이었다.

엄마와 아버지는 사실 이혼 관계나 다름없었다. 다만 딸들의 미래를 위해서 법적 이혼을 미루고 있었을 뿐이다. 늦둥이인 막내와 여덟 살 이상 차이나는 세 명의 언니들은 이 사실을 진작부터 알고 있었고, 아버지에게 그 이상의 기대를 하지 않았다. 그러나 막내는 달랐다. 자기가 노력하면 아버지가 정상적인 가장으로 돌아올 거란 기대를 가졌다. 아버지와 어머니가 썩 좋은 관계는 아니어도 평범한 부부관계로 돌아올 수 있다는 신념을 가졌다. '내가 아버지에게 착한 딸이 되면 아버지의 마음이 변할 거다.' 어린 시절부터 이런 신념을 가지고 아버지를 대했다.

그리고 아버지를 대면대면 대하는 나이 많은 언니들과 엄마를 미워했다. 그들은 가정을 위하는 마음은 한 톨도 없이 자기만을 위해서 사는 여자들처럼 보였다. 막내가 고등학생이 되던 해에 셋째 언니는 가족을 대신해서 막내에게 "아버지와 엄마는 사실 이혼 관계이고, 네가 마지막으로 결혼하면 법적 이혼을 할 것이고, 아버지의 마음은 이미 떠나 있다"고 말해 주었다. 그러나 막내는 이를 믿으려 하지 않았다.

막내에게 아버지가 필요한 이유

세 명의 언니들은 다 결혼했다. 이제 막내도 대학을 졸업하고 혼기가 되었다. 그동안 결혼이 성사될 여러 번의 기회가 있었으나, 이상하게 취소되었다. 막내가 이유를 만들어 포기한 것이다. 결혼에 관한 한 막내는 이런 식이었다. 부정父情에 대한 전이 때문에 남자친구에게 유달리 집착하면서도 결혼은 거부했다. 혼사가 오갈 즈음에 이유를 만들어 헤어지거나 결혼을 미룬다. 나마저 결혼하면 아버지와 어머니는 이혼할 것이란 불안 때문이다. 어떻게 해서든지 결혼 지연작전을 썼다. 막내 자신을 위해서가 아니라 아버지의 귀환과 가족의 화목을 위해서였다. 막내의 무의식은 어린 시절의 패밀리 로망을 버리지 않았다.

그러기 때문에 아버지가 먼저 세상을 떠나시면 안 된다. 그러면 막내의 오랜 로망은 어쩌란 말인가. 그녀는 로망의 성취를 위해 아버지를 사랑하는 척했다. 아버지의 마음을 달래려고, 여행도 함께 해드렸다. 사실 부녀가 단둘이 하는 여행은 그리 즐거운 것은 아니다. 솔직히 말하면 막내도 언니들이 그랬던 것처럼 아버지에게 큰 정이 있었던 것은 아니다. 집에 돌아와서도 환영 받지 못하는 아버지를 동정한 것에 불과하다.

막내에게 아버지는 돌아가시면 안 된다. 가족의 화합도 안 됐고, 결혼도 아직 못했다. 다 아버지 때문이다. 아무것도 해놓은 것 없이 그렇게 무책임하게 세상을 떠나시면 안 된다. 그래서 가족 중에 아버지를 제일 사랑한 것처럼 보인 막내는 가족들이 생각한 것처럼 아버지를 좋아했기에 떠나보내지 못하는 것이 아니라, 무책임한 아버지였기에 떠나보낼 수 없었던 것이다. 막내는 아버지의 의식이 돌아오기를 기다렸다. 그래야 한다. 그리고 내가 아버지를 얼마나 원망했는지 귀에 대고 말하고 싶었다. 내 기대를 좌절시키고 혼자만 세상을 떠나시는 아버지는 내 원망의 말이라도 들어주셔야 했다.

이렇게 마음이 꼬이니 엄마도 싫었다. 아버지가 막내에게 자주 하시던 말씀대로 엄마의 성격은 정말 이상해 보였다. 나만 빼고 자기들끼리만 비밀을 공유하고 있던 세 명의 언니들도 다 미웠다. 그 중에 엄마가 제일 미웠다. 엄마가 조금만 더 아버지의 비위를 맞추고 희생하는 모습만 보였어도 우리 집은 이렇게 되지 않았을 거라 했다. 엄마는 자신의 일로 너무 바쁘신 분이다.

엄마라고 막내에게 하고 싶은 말이 없겠는가. 지금까지 엄마는 남편 있는 생과부로 살아왔다. 왜 한이 없겠는가. 남편에게 세뇌 받아 자기를 이상하게 몰아가는 막내에게 왜 변명거리가 없겠는가.

"네 아버지는 건축 일을 핑계로 신혼 초에도 한 달에 한두 번만 들어오셨다. 시댁 식구들도 그건 좀 너무한다고 했다. 들어와서는 하루 종일 텔레비전 앞에만 앉아 계셨다. 네 언니들이 줄줄이 연년생인데도 아기 한 번 제대로 봐준 적이 없었다. 너희들이 유치원 가고 초등학교 갈 때도. 아버지는 곁에 있어주지도 못하면서 딸들이 학교는 잘 다니느냐며 진심 어린 관심 하나 없었다. 큰언니가 교통사고로 병원에 입원했을 때도 너의 아버지는 병원 냄새가 싫다며 얼굴 한 번 보이지를 않았다. 내가 네 아버지와 결정적으로 갈라선 것은 해외 사업 때문이다. 굳이 해외로 진출할 필요는 없었다. 오히려 사업이 위험해질 수 있었다. 그런데 네 아버지는 사업을 명목으로 마법에 걸린 사람처럼 해외로 떠났다. 아니 공식적으로 가족을 버릴 호기를 얻은 사람처럼 굴었다. 해외로 나가서는 다른 여자도 생겼다. 네 아버지는 가족들에게 돈만 벌어오는 기계일 뿐이었다. 그놈의 역마살을 나도 오랫동안 버텨주었다. 내가 그런 사람하고 한 평생을 살았는데 내

성격이 이상하지 않다면 정말 이상한 거다.”

“……나는 화병에 걸려 성격이 이상해져야 했다. 나도 모르게 차갑게 변하고 있는 것을 알았으나, 어찌할 바가 없었다. 마음을 다른 곳으로 돌려야 했다. 사람들이라도 만나면 화병이 풀릴 것 같아 장사를 시작했다. 기대 이상으로 장사가 잘 되어 바쁘게 다니다보니, 너를 집에 혼자 놔둔 적이 많았다. 늦둥이인 너는 나에게 늘 아픈 딸이었다. 내가 살아야 너희들도 사니 나는 더 강한 척하였다. 너의 아버지가 한 곳에 정착하지 못하는 이유는 따로 있다. 삼대독자로 과잉보호를 받아서 자기밖에 모르는 데다, 어머니와 일찍 사별하여 한 곳에 마음을 두지 못하는 사람이 되었다. 그래서 운명처럼 건설업자가 되었는지도 모른다.”

엄마도 나이 60이 다 되니 자식들에게 이해받고 싶은 생각이 들었다. 시집 간 큰 딸들에게는 그동안 쌓인 엄마의 한을 하소연하고 싶었다. 그러나 엄마에게는 장성한 딸도 어린 딸이다. 어린 딸에게 위로와 이해를 바랄 일은 아니다. 하지만 엄마는 오랜 세월 쌓아둔 엄마의 아픈 이야기를 한 번쯤은 딸들에게 말하고 위로받고 이해받고 싶었다. 엄마라고 다 씩씩하게 버티고 사는 게 아니라고 말하고 싶었다. 다 딸들을 위해서 안 할 뿐이라고 했다. 그녀는 어떻게 하면 좋겠느냐고 나의 의견을 물었다.

“어머니가 그 말씀을 안 하시는 것은 딸들을 위한 거라 하셨지요. 그러나 다시 생각하면 어머니 자신을 위한 일이기도 합니다. 그 말을 함으로 딸들의 미움이나 거절을 받는 것이 두려워 봉인한 봉투 채로 마음에 남겨둔 것은 아닌지요. 지금은 장성한 딸들보다도 엄마 자신을 챙겨야 할 때입니다. 딸들이 무너질 것을 걱정할 게 아니라 엄마 자신이 무너지지 말아야 합니다. 무엇이 자신과 딸들을 위한 최선의 결정인지 생각하시고 그대로 실행하시면 됩니다. 딸들이 이해하든 거절하든 그것은 딸들의 몫입니다. 당장은 거절한다 하더라도 먼 훗날에 딸들을 위한 인생수업이라면 말씀하실 수도 있습니다."

오히려 엄마와 가까워지고 싶었던 막내의 속마음

남편의 입에서 산소 호흡기를 떼야 할 시간이 얼마 남지 않았을 때에, 엄마는 막내를 데리고 상담실을 찾았다. 나는 막내가 지금의 상황을 어떻게 이해하고 있는지 그녀의 많은 이야기를 들은 후 엄마를 따로 불러 말했다.

"막내는 엄마를 가정의 가장 큰 피해자로 봅니다. 막내가 아버지 편에 선 이유는 그렇게 함으로써 아버지를 집안에 불러들이려는 무의식적 욕망이었습니다. 그러나 막내가 원하는 진짜 감정은 엄마와 가까워지는 것입니다. 분기 행사 아버지보다 늘 곁에 계신 엄마에게 더 많은 정이 있는 것은 당연합니다. 다만 막내가 엄마에게 접근하려는 시도는 엄마의 강인함에 막혀 버렸습니다. 엄마는 자신의 강인함이 딸들을 살리는 것이라 생각했는데, 막내에게는 오히려 불통의 원인이 되었습니다. 이상한 가족 구도에서 언제나 의연한 엄마, 그게 싫었답니다. 여린 마음을 진정시키며 사는 막내에게, 당신의 감정을 철저히 숨기는 엄마는 바위였습니다. 차라리 힘들면 힘들다고, 아버지가 원망스러우면 원망스럽다고, 엄마도 힘들게 살아간다고 말해주기를 원했답니다. 가족 관계를 포함한 모든 인간관계는 내 마음을 여는 만큼 상대도 엽니다. 엄마도 장성한 자식들에게는 자신의 마음을 열어보여야 솔직한 관계가 됩니다. 그것은 수치가 아닙니다."

대상관계이론에서는 엄마와의 관계가 우선이다. 즉 만족스러운 엄마 경험을 했다면 불만족스러운 아버지라 해도 기능적 수준은 유지할 수 있다. 반면 불만족스러운 엄마 경험을 했다면 아버지와의 관계도 나빠지기 쉽고 혹은 좋은 것으로 위장할 수 있다. 혹 만족을 주는 아버지라면 엄마와의 불만족스러운 경험을 보상할 수도 있다. 당신 일로 바쁘게 돌아다닌 엄마는 막내에게 만족스러운 경험을 줄 수가 없었다. 아버지와의 관계도 나쁘다면 그것은 막내에게 큰 절망이다. 그래서 아버지와의 관계를 좋은 것으로 위장한 것이다. 그러면 언젠가는 아버지가 집으로 돌아올 것이고, 엄마와도 화해할 것이다. 이렇게 둘의 관계를 개선시키기 위해 막내는 스스로 희생양을 자처한 것이다. 대상관계 심리학자인 페어베언Ronald D. Fairbairn은 이를 '도덕적 보상' 혹은 '초자아 보상'이라고 했다.

엄마와 관계 개선이 이루어진다면 그녀의 도덕적 혹은 초자아 보상은 상당히 완화될 것이다. 그녀는 불필요한 아버지의 연명치료를 포기할 수 있을 것이다. 엄마의 강직한 바위가 부드러운 솜털로 변해야 한다. 지금까지는 강직해 보임으로 자신의 삶을 지켜왔다면, 지금은 강직의 가면을 벗고 여린 엄마의 모습을 보이는 것이야말로 관계 개선의 출발이다.

강직함을 이기는 엄마의 부드러움

나는 대기실에서 기다리고 있는 막내를 상담실로 불렀다. 엄마는 막내에게 처음으로 묻어둔 자신의 아픈 속이야기들을 꺼냈다. 5분도 지나지 않아 이야기는 눈물이 되었다. 막내는 엄마의 눈물을 따라 함께 울었다. 이야기는 계속됐으나, 이야기의 내용은 중요하지 않다. 엄마의 눈물 자체가 부드러운 솜털이 되어 막내의 가슴에 가닿았다. 엄마의 눈물은 막내의 단절을 치료하는 치료제였다. 아무런 저항 없이 이야기를 경청하는 막내의 눈물도 엄마의 아픔을 위로하는 치료제였다. 모녀는 유년기 이후 처음으로 하나 되는 경험을 했다. 엄마는 딸에게 위로받는 경험을, 딸은 엄마를 든든한 의지 대상으로 경험할 수 있었다.

며칠 후 막내는 중환자실에 계신 아버지를 찾아갔다. 산소 호흡기에 의지하고 있는 아버지의 모습이 지쳐 보였다. 아버지 역시 한 곳에 정착하지 못하고 가족을 떠나 객지에서 방황하고 사셨을 모습을 생각하니 처량한 생각이 들었다. 운명이었다. 여섯 살 때에 생모를 여의고 계모와 살면서 집에 정을 못 붙이는 역마살 병이 들었는데 당신인들 어찌하실 수 있었겠는가. 그날 막내는 기계에 의지하여 숨소리만 겨우 내는 아버지 곁에서 펑펑 울었다.

그리고 2주 후에 중환자실에서 가족들이 모두 모여 아버지의 산소 호흡기를 뗐다. 엄마를 비롯해서 세 명의 딸 모두가 울었다. 특히 막내는 오열을 했다. "아버지, 걱정 마시고 편히 가세요. 저 좋은 사람 만나 결혼할 겁니다." 한때는 강직함이 엄마에게 필요했던 덕목이라면, 다른 때는 부드러움이 엄마의 소중한 치료약이다. 즉 한때는 강직함이 엄마를 살렸다면, 다른 때는 부드러움이 가족을 살린다. ✳

아들이 따돌림 당할 때

공감의 힘으로 아들에게
무한 신뢰 보내기

'아들이 대학에 들어가면 좀 좋아
지겠지?' 하고 생각했다. 아들은 중학교 1학년 때에 따돌림을 당
했고 그 여파로 3학년까지 힘들게 보냈다. 고등학교 다닐 때도
단짝 친구 외에는 친구가 없어 거의 따돌림 당한 것처럼 3년을
보냈다. 그래도 고등학교에서는 다들 공부에 전념하고 야간 자
율학습을 하니, 책 보는 시늉이라도 하여 소외감을 덜 느꼈다.
따돌림 당하면 눈치를 보는 아이가 된다. 그렇게 힘들게 6년의
과정을 마쳤다. 공부에 집중할 수 없었던 것은 당연했다.

대학에 들어가면 모든 게 새롭게 시작한다. 전혀 모르는 상태

에서 친구 관계가 시작된다. 나에 대해 선입관을 가진 사람은 없고, 설령 그런 사람이 있다 하더라도 스스로 기죽을 필요는 없다. 엄마나 아들이나 대학 입학만을 기다렸다. 아들이 원하는 대학에 떨어져서 재수하겠다고 했을 때에, 엄마는 재수 학원 1년이 너에게 또 다른 소외감을 줄 수 있으니 성적에 맞게 대학에 들어가라고 권유했다. 정 마음에 안 들면 나중에 편입학이라도 하면 된다고 했다. 엄마는 대학의 새로운 환경과 자율성이 아들의 성격을 바꿔 놓으리라 기대했다.

아들이 학교에서 따돌림 당하면 엄마도 함께 당한다. 엄마는 신경성 위장병까지 앓아가면서 아들의 지긋지긋한 따돌림을 함께했다. 이제는 그 짐을 내려놓고 싶었다. 재수한다고 성적이 크게 향상되는 것은 아니다. 아들에게 중요한 것은 학교 레벨이 아니라 적응이었다.

대학에서도 힘들어하는 아들

그러나 아들이 6년간 느낀 소외감은 환경이 바뀐다고 금방 좋아지는 것이 아니었다. 아들의 첫 고민은 1박 2일로 하는 오리엔테이션을 가느냐마느냐이다. 가자니 낯선 사람들과의 1박으로 자신의 약점이 드러날 것 같아 두렵다. 가지 말자니 과 학생들로부터 소외될 것 같다. 가? 가지 마? 전진은 '가'다. 후진은 '가지

마'이다. 그때마다 아들이 어떤 선택을 했는지는 중고등학교 시절 6년이 말해 준다.

이번에 아들은 용기를 내서 오리엔테이션에 갔다. 그리고는 우울한 표정으로 집으로 돌아왔다. 엄마는 아들의 표정만 보고도 다 알았다. 엄마도 함께 우울해졌다. 그러나 어쩌나. 아들의 인생인데. 엄마는 신경을 끊으라고 자신을 다독거리며 위로했다.

"나는 친구에게 가까이 가려고 하는데 친구들이 나를 받아주지 않아요."

"서로 모르는 사이에서 처음부터 받아주는 사람이 어디 있니? 너 같으면 그렇게 하겠니? 친구는 기다림의 열매야."

"그것만은 아니에요. 이상하게 내가 하는 말은 생뚱맞아요. 저를 이상한 눈으로 쳐다본다니까요."

이렇게 구체적인 관계에까지 엄마가 개입할 수는 없는 일이다. 엄마는 한숨을 쉬면서 야단치듯 말했다.

"친구를 사귀려 하면 더 힘드니, 사귀려는 생각은 당분간 버리고 과 학생들과 아무것도 하지 않더라도 함께 있는 시간을 많이 만들어보면 어떠니?"

아들도 이 방법이 괜찮을 것이라 생각했다. 그래서 휴식시간이나 점심시간만 되면 많은 무리들이 모이는 곳에 자신도 그 일원인 것처럼 따라다녔다. 학과 학생들은 처음에는 그러려니 하였으나, 말 한마디 하지 않고 뒤에서 졸졸 따라다니는 이 친구를 이상하게 보고, 그중 리더 격인 한 학생이 불쑥 한마디 내뱉었다. "야, 넌 우리가 그렇게 좋으니?" 별 생각 없이 한 말이었다. "그래, 난 너희들이 좋아." 하면 친구가 될 수 있었다. 그러나 아들은 이 말에 크게 실망했다. 이전에 따돌림 받던 기억이 확 떠올라 수치스러웠다. 나는 좋아해달라고 뒤꽁무니나 따라다니는 사람인가. 자존심도 상했다. 아들은 얼굴을 붉힌 채로 그 대열에서 이탈했다. 외톨이가 된 기분이었다.

"바보야, 그냥 좋다고 하면 되잖아. 그렇게 자존심이 강하니 친구가 없지. 세상을 어떻게 살아가려고?" 엄마는 짜증을 넘어 화를 냈다. 그러나 아들은 자신의 여린 마음을 위로해주지 않는다며 엄마에게 삐쳤다. 그걸 누가 모르나. 알면서도 안 되는 나의 마음을 엄마라고 이해해주는 것은 아니지. 후로 아들은 자신의 문제를 엄마에게 꺼내놓으려 하지 않았다.

따돌림 당하는 아이들의 심리

아들의 친구 없는 대학생활은 지옥이었다. 혼자 밥 먹는 것도 익숙해졌다지만, 여전히 점심시간이 싫다. 1년의 대학생활을 2년처럼 마치고, 군 입대를 3개월 남겨두었다. 과연 군 생활을 잘해낼 수 있을까? 엄마도 아들도 불안했다. 하여 엄마는 아들과 함께 상담실을 찾았다.

따돌림을 당하고 그 외상으로부터 벗어나지 못한 청소년들의 내면에는 자신을 따돌린 특정 대상에 대한 강렬한 증오심을 가지고 있다. 말하자면 그때의 수치스럽고 억울하고 화난 감정에 고착이 되어, 앞으로 나가야 할 타이밍에 자꾸 그 시간의 감정으로 되돌아간다. 그래서 따돌림 당하는 상황을 반복해서 만들어버린다. 그렇게 감정이 꼬이기 시작하면 객관적 사실 이상의 감정 반응이 일어난다.

예컨대 불쾌한 욕 한마디를 들었다고 하자. 그는 거기에다 '쟤가 나를 무시해, 나를 협박하고 있어, 나는 그런 말이나 듣는 형편없는 놈이야, 다른 모든 급우들도 그렇게 생각할 거야' 등의 감정을 덧칠한다. 따돌림 당하는 아이가 기본적인 인지기능을 가지고 있다면, 그 감정을 객관화해서 분리해내는 작업은 자아 성장에 큰 도움이 된다. '쟤 심성에 문제가 있거나 자기의 화를 못 이겨 욕을 한 거지, 나와 저 욕은 아무 상관이 없어, 다른 친구들도 쟤의 거친 성격을 좋아하지 않았어', 이런 식으로 말이다. 자아가 강한 사람은 사실에 바탕을 둔 사고를 하고, 자아가 약한 사람은 감정에 기인한 사고를 한다. 역할 심리극은 사고와 감정을 분리해내는 데에 큰 도움이 된다.

초등학교 때부터 지금까지 그를 괴롭힌 사람의 목록을 작성하게 했다. 그리고 한 사람 한 사람이 자신에게 어떤 괴로움을 주었고, 자신은 어떤 반응을 보였는지 말하게 했다. 이 과정에서 학생은 감정이 북받쳐 올라왔다. 자기가 받은 험한 욕을 상대에게 했다. 주먹을 굳게 쥐고 상담용 탁자를 여러 번 치기도 했다. 이 과정은 무의식에 억압된 감정을 의식화하는 데 도움을 준다.

다음은 상상으로 상대를 맞은편 빈 의자에 앉히고 그때는 하고 싶었으나 하지 못한 말을 자유롭게 해보라고 했다. 그리고 자리를 바꾸어 앉아 자신이 따돌림을 시킨 사람이 되어 말하게 했다. 이렇게 두세 번만 되풀이하면 폭발적 감정은 가라앉아 정화된다. 민감한 감정은 객관화되어 무뎌진다. 사고와 감정을 분리시키는 작용을 하는 거다. 쟤들은 나를 왜 따돌림 시켰는지, 나는 왜 그 따돌림에 대항하지 못하고 희생양이 되었는지 명료해진다.

이 학생의 경우는 외부의 비난을 대항하거나 변명하지 못하고 고스란히 자기 것으로 만들어버린 것이 문제였다. "너 달리기 하는 모습이 오리궁둥이야" 이런 말을 들으면, "난 아니야" 혹은 "그래, 난 좀 그래" 하고 유머로 받아들이면 된다. 그러나 이 친구는 "그래 난 오리 궁둥이야. 난 달리기를 못하는 바보야" 이렇게 받아들였다. 친구가 비난하는 것들을 다 자기 것으로 만들었다. 그렇게 해서 "난 형편없는 놈이야"라는 자동적 사고가 형성되면, 이와 비슷한 상황에서도 이 테이프는 자동으로 돌아간다.

오래된 녹취 테이프가 현재의 인간관계를 방해한다. "넌 우리가 좋아?" 하는 친구의 말에 자동적으로 "난 형편없는 놈이야"가 재생된 것이다. 감정과 사고를 분리해내는 작업은 감정에 사고가 굴복당하지 않는 건강한 자존감을 가지게 한다.

신의 뜻이 되어버린, 바꿀 수 없는 과거

힌두교나 불교에서는 성격·증상·병리 등을 카르마(업보)로 해석한다. 업은 자신과 누군가의 성장에 기여한다. 현대 심리학이나 정신의학의 발달은 업으로만 보는 것에 이의를 제기한다. 성격이나 성향을 환경과 유전의 조합으로 본다. 그러나 환경과 유전도 사람을 이해하는 일부에 불과하다. 업이라고 할 수밖에 없는, 혹은 신의 뜻이라고 할 수밖에 없는 상황들은 자주 등장한다. 최선의 환경과 유전이 가장 이상적인 성격을 만들지는 않는다. 최악의 환경과 유전이 항상 열악한 성격을 만들지는 않는다. 그동안 심리치료를 하면서 배운 것은 유전적으로도 환경적으로도 설명할 수 없는 신의 뜻과 같은 것, 카르마와 같은 것은 존재한다는 것이다.

이 학생의 경우도 예외는 아니다. 부모도 아이도 따돌림을 원하지 않는다. 그 반대이다. 엄마는 아들이 왜 이렇게 되었는지 어렴풋이 알고 있다. 의문은 똑같은 환경에서 성장했는데, 연년생인 형은 대인관계의 능력이 있고 동생은 그렇지 않다는 점이다.

아들이 초등학교 2학년 때였다. 아버지가 다니던 회사가 부도 나면서, 부부는 작은 식당을 운영했다. 엄마는 어린 두 아들을 집에 두고 매일 밤 열한 시가 넘어야 집에 들어왔다. 갑작스러운 환경의 변화였다. 아직은 엄마의 도움을 받아 학교에 다녀야 할 나이였다. 부부가 파김치가 되어 집으로 돌아왔을 때, 두 명의 아들은 따로 떨어져 쪼그려 잠들어 있었고, 식탁과 방안은 어지럽혀 있었다. 엄마는 새벽 두세 시가 돼서야 주부의 일을 마쳤다. 이런 삶이 초등학교 내내 연속이었으니, 아들의 성격이 소심해지고 얼굴에는 그늘이 지기 시작했다. 아동의 자존감은 그를 지지하는 엄마로부터 나온다. 아들의 자존감은 나락으로 떨어질 수밖에 없었다. 형은 달랐다.

아들이 외톨이라는 것을 알았다. 담임선생님은 엄마에게 아들에게는 엄마의 돌봄이 더 필요하다고 말했다. 그러나 어찌할 수 없었다. 식당은 부부가 함께 일을 해야 그나마 운영될 정도였으니 말이다.

아들의 얼굴 표정에 서서히 어두운 그림자가 드리워졌다. 마땅한 대책이 없었다. 엄마는 학년이 올라가면 변화하겠지, 하고 자위했다. 그러나 상황은 개선되지 않았고 어느덧 군 입대를 앞두게 되었다. 탈무드에 의하면, 다윗의 반지에는 그가 늘 교훈을 받을 글귀로 '이 또한 지나가리라'를 새겨 넣었다고 한다. 하지만 이 또한 지나가기까지 받을 고통은 면제되지 않는다.

"그때 식당을 하지 않았어야 하는데요."

엄마는 눈물을 글썽거렸으나, 시간을 되돌려도 식당은 할 수밖에 없었다. 형 잘 노는 것 보고 동생도 잘 놀거니 한 것은 실수가 아니다.

지금 여기서 시작하는 공감이 모자 모두를 살린다

그때에는 최선의 결정이었음을 엄마는 잘 안다. 그러나 자녀를 걱정하는 일에 모성은 합리적이지 않다. 다른 방법도 있었을 텐데 어른들 생각만 하고 경솔했다고 속으로는 자신을 탓했다. 그렇게라도 해야 죄를 보속할 것 같았다. 이런 일련의 상황에 대해 아버지는 한 발자국 뒤로 물러나 있다. 그 아픔을 아내가 대신 지어주는 거다. 남편의 짐까지 대신 지려는 태도, 그것 또한 모성의 일부이다.

나는 눈물을 닦는 엄마에게 말했다.

"잘잘못을 따져 한쪽은 죄책감을, 한쪽은 책임 회피를 하는 것은 아무런 도움도 안 됩니다. 어떤 인간의 최선도 결핍은 있게 마련입니다. 그때의 결핍은 어떤 최선에 필연적으로 따라온 것입니다. 원인을 따지거나 후회하는 일은 백해무익합니다. 결핍이 눈 녹듯이 사라질 것이란 기대도 하지 마세요. 지금 상태에서의 최선은 반드시 있습니다. 그 최선을 찾아야 합니다. 물론 그로 인한 결핍 또한 나중에 일어난다는 점을 잊어서는 안 됩니다."

"무엇이 최선인가요?"

"엄마의 마음 자세가 중요합니다. 지금 이 상태를 자신 탓으로 돌리면 우울해집니다. 우울은 전염성이 있어서 아들의 마음을 더욱 어둡게 합니다. 성급하게 아들의 상태를 바꿔주려고도 마세요. 아들은 저항할 것입니다. '나는 너를 믿는다'는 신뢰를 계속해서 보내세요. 현 상태를 수용하고 인정하고 사랑하는 것이 최선입니다."

인본주의 심리학자인 칼 로저스Carl Ransom Rogers는 "인간은 그의 잠재력에 선을 소유했기에 신뢰할 만하고, 자기 자신을 깨달아 알아가고, 창조적 삶을 위한 결정을 내릴 수 있는 특별한 가능성을 지닌 책임적 존재"라고 했다. 그리고 이런 잠재력을 의식화해서 활용하기 위해서는 무조건적으로 공감해주는 대상이 필요하다. 지금 여기서의 공감은 과거 모자간의 분리를 다시 이어주는 끈이 된다. 공감은 모자 결속을 새롭게 다져주고 치유한다. 칭찬은 고래를 춤추게 한다면, 공감은 죽은 고래도 살린다.

공감의 마법은 하나 더 있다. 공감하는 자의 상처도 치유한다.

따돌림 당하는 아이들을 상담해보면, 그들에게는 중요한 시기에 무조건적으로 공감해주는 대상이 없었다. 환경적 요인이 아니라면 엄마의 상처 때문이다. 지금 여기서 새롭게 시작하는 공감은 모자 모두를 치유한다.

아들에게 당장 눈에 보이는 변화가 없어도 무조건 신뢰를 보내는 일, 그것은 아들을 편안하게 하여 치유함은 물론, 잠든 잠재력마저 일깨워준다. 칼 로저스는 공공학교 교사들이 공감 기술을 사용하여 이상적인 교육을 실현할 수 있다고 보았다. 30명의 학급으로 이루어진 교실에서 그 기술을 사용하는 것이 현실적으로 불가능할지라도, 그 기법이 잠재력을 개발해내는 데 효과가 있다는 것은 틀림없다. 지지나 인정, 신뢰, 배려, 이런 것들을 많이 받은 아이들일수록 정서를 감당하는 우뇌가 발달하고, 우뇌가 발달해야 타고난 잠재력도 잘 길어 올릴 수 있다.

탈무드에서 구원자는 성 밖에서 자기 팔에 감은 붕대를 풀어서 다른 사람의 상처를 치유해주는 사람이라고 묘사되어 있다. 즉 나의 것으로 타인을 치료하면 나도 치료된다. 상처 입은 심리 상담가들이 오랜 심리 상담을 통해 자기가 치유됐다고 말하는 것을 나는 많이 들었다. 누군가에게 깊이 있게 공감할 때, 나 자신도 그에 의해 공감 받고 있음을 경험하는 건 심리치료사들에게 흔한 일이다. 과거에 환경의 어려움 때문에 해내지 못한 공감을 다시 시작한다면 모자는 함께 치유될 수 있다.

학생이 상담을 마친 뒤 2개월쯤 지나서 엄마에게 전화가 왔다. "아들은 훈련을 잘 마쳤고, 수료식 때 면회도 갔습니다. 대부분이 군대생활을 힘들어하지만, 나는 잘 적응하고 있으니 걱정 마시라며 저를 위로했습니다. 상담 선생님께도 감사하다고 전해 드리랍니다." ✻

서른일곱 딸의 감정 폭발

불안을 함께 느끼며
상대의 감정 이해하기

 엄마 말이라면 자다가도 일어나 듣던 시집 안 간 서른일곱 살의 딸이 엄마에게 불평했다. "엄마는 제가 꼭 필요할 때 제 옆에 있어주지 않았어요."

전에도 가끔 이런 말을 했으나, 그래도 "나는 잘 컸다"는 말을 자랑 삼아 하는 딸이었다. 그런데 최근에는 같은 말을 해도 한기가 느껴진다. "그래도 나 잘 컸지"가 아니다. "그래서 내가 얼마나 외로웠는지 알아. 그래서 내가 사회생활을 힘들게 하는 거야. 엄마는 책임져야 해"라는 말투로 들린다.

엄마가 자식들을 서울로 보낸 사연

정치를 한답시고 여기저기 돌아다니며 집을 자주 비우던 아버지를 대신해서 엄마는 가게를 운영했다. 딸의 유년기 기억에 아버지는 어쩌다 한 번 집에 들어와 큰소리나 치시는 분이었다. 아버지가 할아버지에게 물려받은 재산이 있어서, 엄마는 그것을 밑천으로 하여 1980년대 아파트 붐이 일었을 때 커튼 가게를 해서 돈을 좀 버셨다. 그랬기에 집안에서 아버지의 큰소리는 통했고, 엄마는 재산을 불리는 일에 낙을 붙이고 사셨다.

교육열이 강한 엄마는 터울이 많이 나는 4남매를 서울에 있는 학교에 입학시켰고, 당신은 고향인 지방 중소도시에서 사업을 넓혀가고 있었다. 4남매가 집을 나와 서울에 딴 살림을 차렸을 때에, 큰딸은 고등학교 2학년이었고 늦둥이 막내딸은 초등학교 1학년이었다. 올망졸망한 자식들을 낯선 도시로 떼어놓아야 했던 엄마의 마음은 늘 불편했다.

엄마는 한 달에 두세 번씩 서울에 올라갔다. 어지럽혀 있는 아이들 자취방을 청소해주었고, 냉장고 가득 밑반찬을 채워주었다. 큰딸이 귀가하는 시간에 맞춰 엄마와 4남매는 함께 저녁 외식을 했다. 모두가 즐거워하는 시간이었지만, 초등학교 1학년인 막내딸은 이때가 엄마가 돌아갈 시간임을 알았기에 슬펐다. 막내는 엄마에게 징징댔다. "엄마, 하룻밤만 자고 가면 안 돼?" 그러나 막내의 기억에 의하면, 늘 바쁜 엄마가 이 말을 들어준 것은 손가락으로 헤아릴 정도에 불과했다.

엄마의 마음은 오죽 아팠겠는가. 그래도 약한 모습을 보이지 않기 위해, 다 커서 학교를 다니는 애가 어린아이처럼 굴면 안 된다고 단단히 타이르고, 아이들과 눈 마주치는 것이 안쓰러워 뒤 한 번 안 돌아보고 아이들 자취방을 나섰다.

맞다. 엄마는 도움이 꼭 필요한 때에 막내딸 옆에 있어주지 못했다. 그렇게 자립심을 키워줬기에 막내딸이 잘 큰 줄로만 알았다. 위로 두 명의 오빠와는 달리 학교에서 문제를 일으켜 엄마를 소환하는 일이 한 번도 없었다. 엄마는 막내딸이 모범생이란 것은 알았지만, 그녀가 얼마나 소극적이고 내성적이어서 인간관계를 힘들어했는지는 몰랐다.

혼자여서 외로웠던 막내딸의 사연

초등학교 1학년 때부터, 날이 어두워져야 집으로 돌아오는 언니와 오빠를 막내는 빈집에서 기다려야 했다. 낯선 서울 도시의 외로운 시간들이었다. 자신의 이야기를 들어줄 대상이 없으니, 말로 표현해야 할 많은 이야기들은 억압되었다. 하고 싶은 이야기가 억압되면 거기에 따른 감정도 억압된다.

혼자라서 외로웠다. 그러나 막내는 혼자라는 외로움을 없는 것으로 하고 싶었다. 혼자의 외로움은 없는 척 무의식에 억압해 버리는 '회피'라는 방어기제를 쓴 것이다. 그러면서 겉은 성실한 모범생, 속은 외로운 어린이가 되어갔다. 그래야 혼자라는 외로움을 이겨낼 수 있었다. 방어기제란 이렇게 살기 위해서 애쓰는 심리적 기제이다.

막내의 마음 한구석은 늘 외로웠다. 그럴수록 외로움을 공부로 대체했다. 부정적 감정을 긍정적 태도로 바꾸는 데에 선수가 되어가고 있었다. 그렇다 하더라도 무의식에 있는 그 외로움은 가끔 출몰하여 그녀를 외로운 아이로 만든다. 혼자 있을 때는 어김없이 나타난다.

대학을 졸업하고 직장에 다니면서 그녀는 대한민국의 숨 가쁜 삶의 현장에서 외로움이 사치라는 걸 알게 됐다. 사회생활에 익숙해지고 저변이 넓혀질 즈음, 그녀는 자기의 성격과 인간관계 방식이 평범하지 않다는 것을 발견하기 시작했다. 그동안 고개를 숙이고 있던 외로움이 자신을 알아달라고 대대적인 반란을 일으키고 있었던 것이다. 우울함이 도지기 시작했고, 자기도 모를 반항심이 생겨 좋은 직장을 버리려고도 했다.

막내는 그 외로움의 뿌리가 어디서부터 비롯됐는지, 심리학 서적을 읽으면서 탐색했다. 그 외로움은 어린 시절에 학교에서 집으로 돌아와 오랜 시간 동안 빈집을 혼자 지키고 있었던 어린 아이의 외로움이었다. 반항심은 그때에 자기를 혼자 내버려둔 부모에 대한 것이었다. 이 외로움이 낮은 자존감이 되었고, 눈치보게 했고, 성실해야만 한다는 강박관념을 만들었다.

막내는 오래된 묵은 감정을 정리해야 한다며 엄마에게 과거 이야기를 꺼낸 것이다. 막내에게 엄마는 매정한 분이다. 그래도 언니와 오빠는 중학생 이상이 됐을 때 엄마와 분리되었다. 그런데 자신은 초등학교 1학년의 나이, 엄마의 애정이 계속 필요한 때에 분리를 당했다. 막내에게 엄마는 자신의 일을 위해 자식에 대한 돌봄을 포기한 매정한 모성이었다. 그리고 한 달에 두세 번 자취집에 와서 당신의 죄책감이나 보상하려 하는 이기주의자였다.

나이 40이 다 되어서 막내는 70세를 넘긴 엄마에게 돌봄을 구하는 초등학생이 됐다. 그때 원했으나 얻지 못한 것들을 지금이라도 보상받고 싶다고 퇴행한 것이다. 어린 시절에 억압된 것들은 없어지지 않고 성인의 마음속에 내면의 아이로 고스란히 남아 있다. 갑자기 화가 잔뜩 난 어린이가 된 막내, 엄마는 어떻게 해야 하는가?

엄마가 감당해야 했던 몫

막내가 그러지 않아도 엄마는 늘 생각하고 있었다. '쟤가 아직도 제 짝을 찾지 못하는 것은 어린 시절을 엄마 돌봄 없이 외롭게 보내서일 거다.' 엄마는 막내만 보면 안쓰러웠던 기억이 다시 떠오른다. 뭔가 말하고 싶은 것이 있으면서도 눈치 보며 참고, 남들에게 양보 잘하고, 윗사람들 눈에 잘 보이려 애쓰고, 혼자 책읽기를 좋아한 막내. 이렇게 성실한 모습이 항상 좋아 보이지는 않았다. 그래서 엄마는 딸의 반격이 시작됐을 때 전혀 낯설게 느껴지지 않았다. 그러나 나이가 있다. 딸의 분노를 받기에는 에너지가 딸린다.

엄마도 하고 싶은 말은 있다.

"나는 너의 아버지 몫까지 해내야 했다. 나는 지방에 있었으나 마음은 항상 너희와 함께 있었다. 하루도 걱정 안 되는 날이 없었다. 차라리 네 아버지가 서울로 가서 너희들 뒷바라지를 해줬으면 하는 바람이 있었다. 하지만 네 아버지는 내게 돈이나 타가는 한량이었다. 내가 돈 버는 일에 낙을 삼은 것은 네 아버지에 대한 실망 때문이기도 했다. 정 붙일 곳이 없으니."

"……지방 중소도시에서는 너희들에게 좋은 교육을 시킬 수가 없었다. 보다 나은 미래를 위해서 어린 너희들을 서울로 보냈으나 난 항상 걱정했다. 초등학교에 갓 입학한 너를 보낼 때는 마음이 찢어졌다. 그러나 사사로운 감정에 빠지는 것은 너희들 미래를 위해서 좋지 않았다. 큰소리만 질렀던 너희 아버지가 실업자로 사는 모습을 보여주고 싶지 않아서라도 분가시켰다. 네가 전에 말한 대로 엄마는 돈으로 돌봄을 대신하려 한 것이 아니라, 돈으로라도 풍족하게 뒷바라지를 해주고 싶었다. 돌이켜보면 엄마도 각박한 인생을 살아왔다."

그러나 자기감정에 빠져 있는 딸과 이런 식의 대화는 충돌만 만든다. 딸도 이런 사실을 알고 있다. 그래서 잘 참아오기도 했다. 지금은 제 감정에 압도되어 있을 뿐이다. 내면의 아이가 의식화되어 성장하는 과정에서 일시적으로 감정이 이성을 앞선다. 전에 없이 감정에 휘둘린다.

엄마 역시 그녀의 오래된 한을 건드린 딸에게 이성을 상실한 체 감정적 대응을 할 수 있다. 보통의 경우는 그렇게 감정과 감정의 대립으로 팽팽한 줄다리기를 하다가 모두 상처받는다. 초기에 엄마도 이렇게 대응하다가 해결의 실마리가 보이지 않아서 얼른 접었다.

"갑자기 제 앞에서 과거를 꺼내며 불평장이가 된 딸에게 어떻게 반응을 해야 저도 살고 딸도 살 수 있을까요?"

투사적 동일시에 빠진 딸을 다루는 법

내가 엄마에게 처음으로 한 말은 아주 간단했다. "반응을 하지 마세요." 엄마는 물었다. "무반응은 무관심이 아닐까요?" 나는 말했다. "아니, 관심은 가지세요. 그러나 반응은 마세요." 반응을 보이지 않는 건 엄마에게 여간 어려운 일이 아니다.

막내의 이야기를 듣고 있으면, 이야기의 강도는 점점 더 강해진다. 오장육부가 다 뒤집힌다. 막내는 엄마의 반응을 강요한다. 자신이 느낀 외로운 감정을 엄마도 똑같이 느끼도록 엄마의 마음을 비집고 들어가 퍼붓는다. 그러면 엄마의 마음은 무척 불편해진다. "너의 것을 내가 왜 받아야 하나?" 하는 저항이 생긴다.

바로 이러한 방어기제, 자신의 감정을 상대가 똑같이 느끼도록 하는 심리적 기제를 영국의 정신분석학자 멜라니 클라인Melanie Klein은 '투사적 동일시'라고 했다. 투사적 동일시는 주체가 무척 불안하여 그 불안을 스스로 다스릴 수 없을 때 대상에게 사용한다. 즉 다스릴 수 없는 주체의 불안을 대상의 마음에 밀어 넣어 대상도 똑같이 느끼게 하는 것이다. 이것은 주체가 자기의 이야기를 대상에게 퍼붓는 방식으로 나타난다. 대상이 이야기할 틈을 주지 않는다. 이때에 대상이 해야 할 일은 그 불안함을 함께 느끼며 상대의 감정을 잘 담아내듯이 이야기를 들어야 한다.

투사적 동일시는 바다의 폭풍과 같다. 폭풍은 바다 위에서 항해하는 배를 배려하지 않는다. 배는 항해를 중단하고 바다의 폭풍이 지나가기를 기다려야 한다. 딸의 공격적 말들 앞에 멈추어서 기다리는 것으로 반응해야 한다. 딸의 이야기들은 혼자라는 불안이 만들어낸 과거 자신의 외로움이다. 말로 표현돼야 했고, 들으며 함께 느껴줄 대상이 필요했던 것이다.

지금 엄마는 무조건 들어야 한다. 듣고 그때에 딸이 얼마나 외롭고 불안했는지를 느끼면 된다. 엄마의 입장에서는 딸의 감정을 이해할 수 있는 기회이다. 딸은 다 퍼붓고 나서야 자신의 공격에 대응 공격을 하지 않은 엄마에게 죄송해하고, 관계를 재정립할 수 있다. 바다의 폭풍이 지나간 후에는 바다의 위아래가 뒤집혀 생물이 살기에 좋은 환경으로 바뀌는 것과 같다. 엄마는 힘들어도 다른 곳에서 위로받을 것을 찾아야 한다. 딸을 설득해서, 딸의 마음을 바꾸어서 위로받을 수 없다.

만일 엄마가 딸의 공격에 못 이겨 반격한다면 어떻게 될 것인가? 감정의 대립은 불신만 낳는다. 아무리 합리적인 이유가 있더라도 감정이 뒤틀리면 이해는 멀어진다.

남성은 약속시간 10분 늦었다고 감정이 꼬여 있는 여자친구에게 늦은 이유에 대해 합리적 변명을 할 필요가 없다. 그냥 오래 기다리게 해서 미안하다, 얼마나 화가 났느냐 하면 된다. 10분이 오래인지 아닌지는 설명할 필요도 없다. 감정이 풀린 여자친구는 스스로 판단한다.

모두에게 최선이 되는 상황은 없다

엄마는 자식들에게 최고의 것을 주기 위해 열심히 살아왔다. 시간을 되돌려놓아도 더 이상 좋은 선택은 없을 것이고, 똑같은 선택을 할 것이다. 누구에게는 최선의 선택이 다른 누구에게도 최선이 되는 것은 아니다. 부모의 최선의 선택이 자식들에게 항상 최선은 아니다. 그렇다고 상대의 최선에 맞추는 것은 내 인생을 포기하는 것과 같다. 나의 최선으로 인해 누군가가 피해를 보았다면, 언젠가는 어떤 방법으로든 보상할 기회가 생긴다. 또한 피해를 보았다는 그 누군가도 피해가 피해만은 아님을 언젠가는 알게 될 것이다. 세상은 혼자가 아니기 때문이다.

최선의 부모자녀 관계는 없다. 그것은 운명적으로 만들어가는 것이고 거역할 수 없다. 다만 지금 여기서 할 수 있는 최선의 선택은 있다. 그렇다고 그 선택이 모두가 기뻐하는 결과만을 만들지는 않는다. 굳이 헤겔G.W.F. Hegel의 변증법적 역사관을 말하지 않아도 인간 역사는 합을 지향하여 나아가고, 한 가족사도 하나의 힘과 그것과 반대되는 또 다른 힘이 부딪혀 새로운 합을 만들어나간다. 그때 가서 거기에 맞는 최선을 선택하면 된다. 인생은 현재에 충실할 뿐, 결과는 나중에 또 다른 발전을 위한 자료로 사용하면 된다.

지금 모녀관계의 개선을 위한, 아니 각각의 성장을 위한 최선은 있다. 딸은 오랜 세월 억압한 자기의 감정을 엄마에게 격하게 표현하는 것이다. 어차피 다루어져야 한다. 억압된 에너지를 품은 감정은 콤플렉스가 되어 한 사람의 인격을 흔든다. 딸이 자기로부터 나오는 최선의 선택이 엄마에게는 최악이다. 엄마는 자식을 위해 헌신한 그동안의 노력이 공격당하는 것 같다. 섭섭하다. 자식에게 버림받는 느낌이다. 그러나 지금 엄마로서는 과거 자신의 선택으로 인하여 나타난 딸의 이러한 감정을 받아내는 것이 최선이다.

물론 나이 70을 넘긴 엄마가 딸의 온갖 감정을 받아낸다는 건 쉽지 않다. 말이 무반응이지 내면에서는 전쟁을 치른다. 그러나 전쟁은 속에서 치러라. 상대는 37세의 성인 마음속에 있는 초등학교 1학년 어린이이다.

후회는 가벼운 인과론에서 나왔다. '과거에 이러했다면 모두가 원하는 결과가 나왔을 텐데……' 신비에 가린 인생을 자기 마음대로 조작하고 싶은 욕망에 불과하다. 딸은 엄마가 자신을 떼어놓지 않았다면 지금의 내가 아닐 텐데, 하고 후회할 것이다. 맞다. 지금의 내가 아니겠지. 지금보다 더 나쁜 나, 혹은 다른 내용이나 구색을 갖추어 갈등을 만들어내는 내가 될 수도 있을 것이다. 엄마도 후회할 수 있다. '막내를 내 곁에 두고 키웠더라면 나는 죄책감으로 인한 괴로움이 없었을 것이고, 막내도 밝고 명랑하게 자랐을 텐데⋯⋯' 이런 생각은 현재 불행의 원인을 과거로 돌리는 일차원적인 귀인론에 불과하다. 인생사는 하나의 좋은 결과를 얻으면, 다른 하나의 나쁜 결과가 따라오게 마련이다.

자식을 위해 과거에 내린 엄마의 선택들, 그때는 최선이었다. 후회는 아무런 해결이 안 된다. 지금 여기서 엄마와 사식을 위한 최선의 선택을 다시 내리면 된다. 그러나 기억하라. 후에 지금의 선택에 대한 아쉬움도 있을 수 있다는 점을. ✳

엄마 마음 안아주기

엄마도 사랑을 받아야 사랑할 수 있다

———

아이가 집밥을 거부할 때

혼자 키우는 미운 네 살

"내 병은 다 엄마 때문이야"

못 미더운 딸의 결혼

아이가 집밥을 거부할 때

내면의 아이를 돌봄으로
정서적 친밀감 회복하기

하루에 한 번쯤, 엄마와 초등학교 2학년인 아들의 밥상 앞 전쟁이 시작된다. 엄마는 식탁을 다 차려놓기 몇 분 전에 밥 먹으라며 아들을 부른다. 아들은 "조금 있다, 조금 있다" 하면서 한 5분이 지난 다음에야 식탁에 앉는다. 몇 수저 뜨고는 안 먹는다며 제 방으로 쏙 들어가려는 아들을 엄마는 붙들어 놓는다.

잘 먹지 않아서 아들은 또래 아이들에 비해 체중과 신장이 미달이다. 걱정이 된 엄마는 아들의 의사와는 상관없이 수저에 밥을 떠서 아들의 입에 집어 넣어준다. 반찬도 골고루 얹어서. 그렇게 하면 아들은 밥 한 그릇을 다 비운다. 안 먹는다고 내버려 두는 것보다 이렇게라도 밥을 먹이는 것이 옳다고 판단했다. 그 때서야 엄마는 큰일을 하나 마친 사람처럼 편하게 당신의 밥을 먹는다.

이것을 옆에서 지켜보는 아버지는 답답하다. 도대체 언제까지 저 짓을 해야 하나. 그래서 짜증을 내고 화도 내봤으나 아내의 방식을 바꾸지는 못했다. 아내는 당분간 이러다 보면 언젠가는 아들의 밥 버릇이 좋아질 것이란 믿음을 가지고 있었다. 하지만 당분간이 2~3년이 되어도 아들의 밥 버릇은 개선되지 않았다.

초등학교 고학년이 된 아들은 더 이상 엄마가 입에 넣어주는 밥을 먹지 않는다. "아이들 밥 버릇을 고치려면 굶겨야 한다." 여러 엄마들 사이에 회자되는 이런 처방을 엄마도 모를 리 없다. 배고프면 알아서 먹겠지. 먹는 것은 모든 생명체의 본능이다. 자식이 알아서 먹을 때까지, 먹거나 말거나 내버려 두자고 다짐해도 매 끼니마다 밥을 해대는 엄마로서는 참기 힘들다.

밥을 먹여주는 이유는 따로 있다. 아침을 안 먹고 가면 뇌세포가 원활히 활동하지 못하므로 공부에 지장이 있다. 점심은 학교에서 급식을 먹으니 걱정할 게 없다. 저녁을 거르면 한창 클 아이의 성장이 둔화되어 꼭 먹여 재워야 한다. 아들은 편식도 심하다. 식탁을 차리는 일도 힘든데, 다 차리고 아이를 식탁에 앉히는 일도 힘들다. 아이를 밥 먹여 학교에 보내고 잠재우는 일이 거의 전쟁처럼 되었다. 엄마의 스트레스가 심하다.

아들은 걸핏하면 배달 음식을 먹으려 한다. 엄마가 만든 음식보다 못한, 조미료 듬뿍 들어가서 입에 쩍쩍 달라붙는 배달 음식을 진미 음식으로 알고 있다. 자식을 양육하는데 엄마의 가장 큰 역할은 먹이는 것인데, 먹이는 일에 이렇게 힘이 든다면 엄마 역할에 적색등이 켜진 것이나 다름없다.

아들에 대한 과잉보호가 문제

외식 문화가 발달한 요즈음 아이들에게 이런 음식 버릇은 흔하다. 이런 경우 부모의 강력한 행동지침이 있어야 아이들의 잘못된 습관을 고쳐줄 수 있다. 예를 들면 배달 음식이나 외식의 횟수를 대폭 줄이는 거다. 그리고 밥 먹으라고 강요하지 말고, 다른 식구가 식사를 다 마친 후에는 가차 없이 밥상을 치우는 거다.

대부분의 경우에 아이가 다시 밥상을 차려 달라 하면, 엄마는 그것도 감사한 일이라며 밥상을 다시 차린다. 그렇게 하면 아이의 행동수정은 일어나지 않는다. 습관으로 형성된 나쁜 버릇을 고치려면 부모의 단호한 태도가 있어야 한다.

그러나 이런 행동수정 요법이 통하지 않는 때도 많다. 위 언급

된 아들의 경우, 엄마는 행동수정 요법을 써봤으나 효과가 없었다. 굶고 있는 아들의 모습이 안쓰러워 엄마는 뭐든 챙겨주려 하고, 그런 엄마의 측은지심에 아들의 습관은 굳어지고 있었다. 이 경우 행동수정 요법은 아이에게 정서적 침범으로 경험된다. 아이는 스스로 음식을 거부해놓고, 엄마를 아들에게 밥도 안 먹이는 냉성한 엄마로 인식한다. 하여 관계는 더 나빠진다. 모자관계가 나빠지면 그 영향은 아이의 성격이나 자존감에 영향을 미친다. 이럴 때는 밥 문제는 뒤로하고 그 밖의 다른 모자관계를 탐색해봐야 모자가 함께 변할 수 있다.

결론부터 이야기하면 엄마는 아들을 과잉보호한 것이고, 아들은 과잉보호를 간섭이나 침범으로 여긴 것이다. 그러나 엄마에게 대항할 힘이 없으니, 엄마의 가장 중요한 기능인 먹이는 것을 거부함으로써 엄마를 거부한 것이다. 단순한 행동수정 요법으로 변화되지 않는 아이의 음식 거부는 엄마를 거부하는 것이나 다름없다. 그러나 과잉보호하는 엄마는 자신이 그렇다는 것을 잘 모른다.

밥 버릇 하나보다 모자관계 전반을 돌아다봐야

IT 업계에 종사하다 갑자기 성공한 남편 덕분에 자유롭게 돈을 쓸 수 있는 30대 중반의 엄마가 있었다. 그 집은 부자들이 모여 사는 모 지역으로 이사를 했고, 그곳 엄마들과 어울리게 되었다. 그녀는 그 모임에서 자녀 양육에 대한 좋은 정보, 주로 사교육 정보를 얻을 수 있어서 좋았다. 그런데 그 모임에 나가면 나갈수록 아이를 위해서 뭔가를 더 해주어야 한다는 압박감을 느꼈다. 그렇지 않으면 내 아이가 뒤처질 것 같았다. 전에 살던 동네에서는 안 그랬는데, 이 곳의 특수성에 적응해나가는 것이 아이들에게 좋을 것이라 판단했다. 그래서 큰 아이에게 한두 개 늘린 사교육이 벌써 열 개나 되었다.

남편은 초등학교도 안 간 아이에게 너무 과한 거 아니냐며 몇 개 빼고 아이를 놀게 하자고 했다. 그러나 엄마 입장에서는 뺄 것이 없다. 고가의 원어민 영어는 안 할 수 없다, 수학도 기본이다, 국어도 취학 이전에 기초를 다져 놓아야 한다, 악기 두 개 정도는 해야 정서적으로 안정이 된다, 자신감을 키워주려면 웅변학원도 보내야 한다, 수영은 필수다, 집에서 하는 학습지 다들 몇 개는 한다, 이렇게 하니 열 개 가지고도 부족할 정도이다. 아이는 힘들었으나 힘들다고 말하지 못했다. 아직은 엄마의 힘이 세기 때문이다.

그런데 문제가 생겼다. 아이가 크면서 엄마가 만들어주는 집밥을 거절하기 시작했다. 사교육이 늘어나면서, 엄마와 짜증스러운 일이 자주 생기면서 일어난 일이다. 엄마는 아이의 입이 갑자기 고급이 되어 그럴 것이라 했고, 엄마의 노력으로 바꿀 수 있다고 생각했다. 그러나 아이의 버릇은 고쳐지지 않았고, 패스트푸드나 외식에 대한 의존도가 높아졌다. 이렇게 밥상머리 앞에서 모자 갈등은 점점 심해졌다. 말하나 마나다. 아이는 놀지 못하게 하는 엄마에게 반항한 것이다.

엄마는 아들의 '밥 버릇' 하나만 보인다. 나는 밥 버릇만 고쳐주려 하면 그 밖의 다른 관계만 더 나빠지니, 그 밖의 다른 관계에 있어서 아들을 편안히 두라고 했다. 그리고 일곱 살 아이에게 사교육 열 개는 과하다고 했다. 내년이면 초등학교에 입학하고, 엄마와 함께할 시간은 갈수록 줄어드는데, 교육을 핑계로 벌써부터 아이를 떼어놓는 것은 아이 입장에서는 상처가 될 수 있다고 했다. 그러나 엄마는 열 개 중 어느 것 하나도 뺄 수 없다고 그 이유를 늘어놓았다. 다른 집 아이들은 그 이상도 잘 해낸다고 했다.

아이가 자기를 주장하는 방식으로 음식을 거부한 것은 차라리 다행이다. 원망을 참고 속에 억압하면 심리적·정서적으로 위축되어 소심해진다.

끊을 수 없는 엄마의 사교육 중독

2015년 통계청이 발표한 자료에 따르면, 초중고 사교육 총액이

약 17조8천억 원이다. 실제는 그 이상일 것이다. 평범한 맞벌이 부부에게는 아이 둘 양육도 힘들다. 하나도 힘들기는 마찬가지다. 자녀 교육비는 연봉에 비례하기 때문이다. 소위 '딩크족'Double Income, No Kids까지 등장했다. 딩크족은 정상적인 부부생활을 영위하면서 의도적으로 자녀를 두지 않는 맞벌이 부부를 일컫는다.

아이 없이 애완동물을 키우며 사는 맞벌이 부부인 '딩펫족'도 있다. 아예 연애, 결혼, 출산을 포기한 삼포 세대도 있다. 이런 풍습은 종족 번식의 본능을 평가절하해서 생긴 것이 아니다. 사회적 환경이 그 엄숙한 과업을 수행할 수 없게 만들어 생긴 '포기'이다. 자고로 결혼이란 인륜대사에도 큰 용기가 필요한 시대가 되었다. 획기적인 사회적 변화가 일어나지 않으면 이 현상은 더욱 가속화될 것이다.

아이가 귀한 시대가 도래했다. 귀한 아이를 낳으면 부모는 최선을 다하려 한다. 남보다 뒤처지지 않게 키워야 한다. 부모는 남보다 앞서는 삶이 반드시 행복하지 않다는 것을 경험적으로 알고 있다. 그러나 경쟁 구도에서 나만 뒷짐 지고 있을 수는 없다. 엄마가 교육열을 보이는 만큼 아이에게는 침범이다. 최선을 다하는 엄마일수록 아이는 자신의 욕구를 억압해야 한다. 아이의 억압된 욕구는 무의식적으로 엄마를 거부하는 것으로 나타나는데, 그것이 엄마의 중요한 기능인 집밥을 거부하는 현상으로 나타날 수도 있다.

"어떻게 하면 되나요?"

"밥이 문제가 아닙니다. 그 밖의 다른 것에서 아이를 자유롭게 해 주세요."

"어떻게 하면 자유롭게 할 수 있나요?"

"아이 입장에서 엄마가 예전에 비하여 한 30% 정도는 간섭이 덜 하다, 라고 느낀다면 1차는 성공입니다."

이 말에 대부분의 엄마들은 고개를 끄덕이지만, 실천은 마음을 비워야 한다. 양극화의 정점을 치닫고 있는 우리나라에서 자녀교육에 관한 한 마음을 비우기가 어렵다. 그것은 엄마의 의지만이 아닌 사회적 환경과도 밀접히 연결되어 있기 때문이다.

나는 열 개의 사교육 중에 몇 개를 정리할 수 있느냐고 물었지만, 엄마는 한 개도 힘들다고 했다. 가진 사람일수록 더 잘 키워야 한다는 욕심을 비우지 못한다. 자식 농사는 절대 부모 욕심대로 되는 것이 아니라 타고난 것이 많이 작용하는데도 말이다. 엄마들의 변명은 다른 아이들도 다들 그렇게 한다고 한다. 다들 그렇게 한다면서 마음에 병이 드는 것은 안 보인다. 학원 셔틀버스를 타고 왔다 갔다 한다고 열심히 공부하는 것은 아니다. 하나의 성공적인 자녀 교육법이 모든 자녀에게 통하는 것은 더욱 아니다. 특성이 모두 다르기 때문이다.

아무튼 1차에서 성공했다면 2차 작업으로 들어가야 한다. 그렇지 않으면 이전 상태로 돌아간다. 1차가 아이를 편하게 해주는 것이었다면, 2차는 엄마가 편해지는 것이다. 엄마가 편해지기 위해서 '내 아이는 왜 집밥을 거부할까?'라는 질문을 자신에게 해야 한다.

엄마에게 물었다.

"어머니의 역할을 어떻게 정의하세요. 평소 생각하신대로 말씀해보세요."

"호호호. 현모양처죠. 너무 이상적인가요. 자식에게 헌신해야죠."

"어머니의 어머니로부터 헌신적 돌봄을 받아 보셨나요. 말하자면 애정에 대한 욕구충족을 하셨는지요?"

"저희 어머니는 자식을 위하여 헌신하시는 분입니다. 가난한 환경에도 억척같이 일을 하셔서 다섯 명의 자녀를 다 대학까지 보내셨어요."

"나를 위한 어머니의 헌신이 가슴으로 느껴지나요? 그런 구체적 에피소드를 말씀해 주시겠어요?"

"글쎄요. 어머니는 열심히 사시긴 했어요. 존경은 했었는데, 자신의 원리에 충실하신 분이란 생각도 많이 했어요."

나의 질문이 '당신 어머니는 당신이 가슴으로 느낄 정도로 당신에게 헌신하지 않았습니다'라고 진술을 강요하는 것처럼 들릴 수도 있다. 이성으로는 어머니의 사랑을 많이 받았다고 말하는데, 그런 사랑을 가슴으로 느꼈는지, 그런 에피소드를 가지고 있는지를 물으면 망설이는 사람들이 많다. 자신의 엄마를 나쁜 사람으로 만든다고 불편해하는 분들도 있다. 하지만 심리 상담에서 이런 질문은 꼭 필요하다. 추상적으로 알고 있는 것을 구체화하는 것이고, 관념적인 것을 사건화하는 것이다.

그녀 역시 망설였다. 머리로는 고마우신데, 가슴으로는 그 고마움이 느껴지지 않는다는 말을 했다. 엄마가 비헌신적이어서가 아니다. 베이비붐 시대의 엄마 역할은 자식들을 굶기지 않는 것만으로도 충분했다. 정서적 접촉을 운운하는 것은 사치스런 낭만에 불과했다. 아버지와 함께 억척같이 일을 해서 다섯 남매 대학교육까지 다 시켰으니 자랑스럽고 존경할 만한 대한민국 어머니시다.

그러나 틈새는 있을 수밖에 없다. 기능적인 엄마 역할은 다 해 주셨지만, 자녀 한 사람 한 사람에게 구체적이고 개인적인 돌봄을 제공하는 데는 실패하셨다. 굶기지 않았고, 학비를 밀리지 않았고, 깨끗하게 입혀 학교에 보냈다. 엄마는 일터와 가정을 열심히 오갔다.

그녀가 가슴으로 원했던 것은 엄마의 따뜻하고 친절한 말 한 마디였다. 유년기 때는 엄마와 함께 있는 것만으로도 즐거웠으나 엄마는 그렇게 해주시지 못했다. 늦은 시간까지 공부할 때는 친구 엄마처럼 방문 열고 들어와 과일이라도 챙겨주기를 바랐다. 그러나 엄마는 피곤하셔서 안방에서 코를 골며 주무셨다. 학교에서 있었던 소소한 이야기를 엄마에게 하고 싶었다. 엄마가 자신의 사생활에 다가와주기를 원했으나, 집에 들어오신 엄마는 집안일로 바쁘셨다. 엄마가 자식의 사생활에 너무 가까이 다가가 문제가 생기는 지금과는 판이하게 다르다.

그녀의 엄마는 그녀를 포함한 다른 딸들에게 헌신하신 것 맞다. 그러나 너무 많은 현실적 짐을 가지고 계셔서, 자녀들은 그 헌신을 이성으로는 인정하면서 가슴으로는 느낄 수 없었다. 애정이 그리웠다. 그녀는 무의식적으로 이런 다짐을 했다. "나는 내 자식에게 따뜻하고 사려 깊은 사랑을 베풀 거야." 하지만 따뜻한 사랑을 받지 못한 사람은 따뜻한 사랑을 베푸는 데 서툴다.

사랑하는 일은 일생을 통해 배우는 것이지 완성된 어떤 것을 수행하는 것이 아니다. 따라서 모든 사랑에는 서툰 점이 있게 마련이다. 자식에게 사려 깊은 사랑을 다짐한 엄마, 그것은 그녀의 엄마가 그녀에게 그랬던 것처럼 자식에게 기능적인 수행을 해주는 정도만 되고 말았다. 세상의 모든 엄마는 평생에 걸쳐 사랑을 다시 배운다. 누가 그녀에 잘못했다고 할 수 있겠나. 헌신적으로 노력해왔을 뿐인데.

이제는 엄마의 내면아이를 돌봐야 할 때

아들의 사생활에 함께하겠다는 것은 좋은 의도이다. 난 너와 함께 있어, 난 너의 변함없는 지지자야, 하는 것을 보여줄 수 있다. 그러나 엄마의 교육방침은 커가는 아이에 따라 변해야 하는 법. 그녀의 '아이와 함께하는 교육'은 점점 과잉 개입과 침범이 되고 말았다. 아이는 속으로 '엄마 미워' 했을 것이고, 그것은 엄마의 밥을 거부하는 것으로 나타났다.

완벽한 엄마는 없다. 엄마 됨이야말로 이론과 실천, 그리고 시행착오를 통해서 배운다. 엄마는 아이의 변화를 원하지만, 엄마도 변해야 아이도 변한다. 엄마 되는 일에 있어서 실수는 문제되지 않는다. 누구나 실수하기 때문이다. 완벽하지 않은 것도 문제되지 않는다. 아무리 완벽해지려 해도 완벽해지지 않는 것이 엄마 수업이다.

그녀는 깨달아야 한다. "내가 엄마에게 원했던 것을 내가 엄마가 되어 아들에게 해주고 싶었구나. 그런데 나는 내가 엄마에게 받은 기능적인 것만 아이에게 해주면서 엄마의 역할을 잘하고 있다고 생각했구나. 나는 내가 좋아한 것을 아들도 좋아할 것이라 생각했는데, 지금의 아들은 그게 아니었구나. 내가 엄마와 정서적인 친밀감을 원했듯이, 지금의 아들도 엄마의 기능적인 부분보다는 사적 친밀감을 원하는구나."

"……내가 나를 치료해야지, 따뜻한 관심과 배려를 갈망한 나의 내면의 아이를 잘 달래주어야 아들에게도 따뜻한 엄마가 될 수 있구나."

그녀가 헌신해야 할 대상은 아이가 아니라, 엄마를 그리워하는 그녀 자신의 내면아이였다. 먼저 내 내면의 아이를 외부의 엄마가 없이도 혼자 잘 달래는 방법을 배워야 한다. 그것은 내가 나를 위로하고 달래는 기술이다. 그리고 나서야 아이에 대한 강박적 집착에서 벗어난다. 사실 그 강박적 집착은 내가 스스로에게 갖는 집착과 다름없다. 자식에게 강박적으로 집착하는 엄마는 곧 자신의 결핍에 강박적으로 집착하고 있는 것이다.

그녀가 잘못하지 않았다. 그녀 역시 최선이라 생각한 것을 자식에게 하고 있었기 때문이다. 잘하려고 해서 생기는 실패는 성공이다. 엄마의 실패 없이 성장한 아이는 오히려 사회에 적응을 못한다. 실패는 실패를 견디는 내성을 키워주고, 실패한 사람들을 위로하며 공감하게 한다. 실패의 좌절이 없이는 성공의 기쁨도 없다. 엄마 수업도 그렇다.

먹이는 것에서부터 출발하는 편안한 모자관계

엄마 됨의 가장 중요한 역할은 '먹이는 것'이다. 막 태어난 신생아에게 엄마의 가장 위대한 일은 젖꼭지를 물리는 일이다. 정신분석학자 멜라니 클라인은 생애 초기의 유아가 엄마의 젖을 먹으면서 다양한 환상을 가지게 된다고 했다. 즉 만족스러운 수유 경험은 생명과 사랑의 환상을 만들고, 불만족스러운 수유경험은 박해와 죽음 불안을 만든다. 유아의 좋은 경험은 환상 가운데 엄마와 좋은 물질을 교환하는 것이고, 나쁜 경험은 환상 가운데 나쁜 물질을 교환하는 것이다.

이런 이론에 비추어보면, 유아가 젖을 자주 토하거나 빨지를 못하는 것은 엄마의 수유 방법이 불안정하거나, 유아의 환상에 불안한 것들이 많기 때문이다. 아동은 먹는 것을 엄마와, 혹은 엄마의 돌봄과 동일시하여 자신의 정서를 경험하고 있음을 알 수 있다.

어린이가 엄마의 밥을 거부한다면, 엄마를 거부하는 것이란 해석이 가능해진다. 엄마와의 관계 개선은 엄마가 만족스럽고 좋은 경험을 다시 제공해줌으로 가능하다. 만일 엄마 돌봄의 질은 변화시키지 않고, 먹으라고만 하면 상황은 더 나빠진다. 음식과 대상을 연결시키는 것은 무의식중에 일어난다. 편한 사람과 먹는 김밥 한 줄은 만찬이다. 불편한 사람하고 먹는 최고급

뷔페는 소화를 걱정해야 한다. 혹은 맛있는 음식을 함께 먹으면 서먹한 관계가 좋아지기도 한다. "우리 언제 밥 한 끼 같이 먹어요." 이 말은 우리 친하게 지내자는 것이다.

아이들 입이 패스트푸드나 배달 음식에 익숙해진 요즘, 모든 집밥 거부를 엄마와의 관계 훼손으로만 해석할 수는 없다. 그러나 그러한 요인도 상당히 있다는 점을 기억해주기 바란다. 아이들 공부는 억지로 시켜서 되지 않는다. 억지로 시켜서 하는 공부면 나중에 그 고통스러운 대가를 모자는 함께 치른다. 자식 교육에 관한 한, 엄마 마음을 비우는 만큼 자식은 편해진다. 편안함을 즐겨라. 엄마의 치유는 자녀와의 편안한 관계에서 나온다. ✻

혼자 키우는 미운 네 살

잘 키우려 애쓰기보다
편하게 사랑하면서 키우기

❧   그녀는 컴퓨터 디자인 분야에서 일
하는 커리어 우먼이다. 워낙 일을 좋아하고, 일에 한 번 빠지면
다른 것은 눈에 안 들어오는 여성이다. 그러다 보니 결혼이 늦었
다. 서른네 살에 맞선을 보았고, 4개월 만에 결혼했다. 남편을
보고 드는 느낌이 '저 정도면 가정을 책임질만하다'였다. 로맨틱
한 사랑은 20대에 해보았으니, 결혼 상대자로 책임감 하나를 본
것이다.

　막상 결혼하자 책임감은 어디로 갔는지, 남편은 점점 무책임
한 사람이 되어갔다. 유복자로 태어난 남편은 엄마마저 일찍 여

의고 이모 밑에서 자랐는데, 그때부터 눈칫밥을 먹었다고 한다. 눈치를 잘 보는 사람이 남들에게 잘 맞추고, 순간 적응력이 뛰어나 책임감이 강한 사람처럼 보인다. 그러나 친근한 관계에서는 치명적인 약점이 드러난다. 그는 아내에게 엄마에게서나 받아야 할 애정을 구할 뿐, 정작 자신은 가까운 사람에게조차 애정을 주지 못했다.

반면 부인은 여성의 페르소나보다는 남성성이 강한 여성이다. 남성들이 여성에게 요구하는 모성이 부족하다. 남편에 대한 따뜻한 배려와 이해보다는 자기의 능력을 인정받으려 한다. 커리어 우먼에는 적합하지만 자녀 양육에는 어딘지 모르게 서툴다. 분석심리학자 칼 융에 의하면, 이것도 모성 콤플렉스의 일종이다. 이런 여성은 성장기에 엄마의 모성과 동일시하는 것을 거부하고, 아버지를 에로틱 대상으로 봄으로써 자기실현에 강한 욕구를 가진다.

이 부부는 애초부터 많은 갈등이 예상되었다. 남편은 아내로부터 모성을 기대했으나, 아내는 남편에게 모성을 제공해주기는커녕 능력을 인정받고 싶어 했기 때문이다. 아내는 남편에게 모성의 따뜻함을 주지 못했다. 남편 역시 이해를 받으려 할 뿐, 아내의 능력을 인정하고 키워줄 힘이 없었다. 각자는 상대가 왜 저런지 이해할 수 없다며 고개를 설레설레 저었을 것이다. 부부는 자신에게 필요한 것을 상대에게 요구하며, 서로 채워주고 만족하면서 성장한다. 그러나 이 부부는 서로 교집합을 형성할 수 없었다.

이들에게 깨가 쏟아진다는 신혼 초의 로망은 없었다. 콩 껍질에 둘러싸인 환상을 즐기기에는 너무 늦은 나이의 결혼이었다. 서로에게 상처를 주고받다가, 결혼 3년 만에 갈라섰다.

아이 키우는 걸 책으로 배웠어요

남은 문제는 아이 양육이다. 부모를 일찍 잃어 어린이의 의존성에 고착된 남편은 아이를 키운다고 선뜻 나서지 않았다. 키운다고 해도 책임감이 강한 엄마는 남편을 믿을 수 없어 아이 양육권을 주지 않을 것이다. 남편은 아이 양육권을 포기하고, 아내는 아이 양육권을 가져옴으로 이혼했다. 무슨 운명의 장난처럼, 남편이 아버지 없는 아이로 컸듯이 그의 아들 역시 그래야 했다. 남편은 새로운 삶을 찾아갈 것이다. 그러나 엄마는 새로운 과제를 떠안는다. 책임감이 강한 엄마는 다짐했다. "나는 아들을 보란 듯이 잘 키우겠다. 그래서 저 무책임한 남편에게 복수하겠다."

엄마는 아이 양육을 잘 나가는 사회생활의 한 파트 정도로 보았으나, 아이 양육만큼은 자신의 뜻대로 잘 안 된다는 것을 서서히 인정해야만 했다.

엄마는 자신이 있었다. 그녀는 대학 시절을 과대표를 비롯하여 총학생회 임원 등의 직책을 맡으면서 추진력 있는 여걸로 보냈다. 직장 일도 내 일처럼 하는 성실성과 책임감, 거기다가 능력도 겸비하여 연봉과 진급에 있어서 동기 여직원들에 비해 훨씬 앞서 있었다. 그녀는 아이를 키우는 일도 사회생활처럼 잘 해낼수 있으리라 생각했다.

엄마는 짬짬이 시간을 내서 아기 양육 백서와 같은 책을 정독했다. 엄마 되는 법을 책에서 터득하려 한 것이다. 책은 읽을수록 자신감을 가져다줬다. 아이를 그렇게 별나게 키우면 안 된다고, 아이는 자연스럽게 키워야 한다는 친정어머니의 훈계를 뿌리치고, 그녀는 아기 양육 매뉴얼을 고집했다. 놀이도구의 선택, 양육자가 놀아주는 방식, 자는 시간과 일어나는 시간, 조기 교육 프로그램, 이런 것들에 대한 세부적인 지침이었다.

그러나 아이가 네 살(만 3세)이 되면, 자기의식이 생겨 주장과 고집이 생긴다. 그때부터는 매뉴얼보다는 엄마의 인내심이 필요하다. 엄마의 매뉴얼대로 아기가 자라주지 않는 첫 시기를 맞이하는데, 이때에 대부분의 엄마는 아기 양육에 대한 이상이 무너진다. 좌절은 기회이다. 이 기회를 최대한 활용하기 위해서는 엄마의 일방적이었던 아기 양육의 방식을 바꿔서 아기가 원하는 대로 합의해주려는 노력이 필요하다. 그래야 아이가 자존감은 물론 주체성도 형성하게 된다.

그러나 일부 엄마들은 다루기 힘든 이 시기의 아이를 더욱 엄하게 다룸으로써 갈등을 키운다. "미운 네 살은 엄하게 다루어야 버릇을 고친다." 심리학적·교육학적 근거도 없는 이 믿음이 떠돌아다닌 이유는 엄마들이 편하기 위해서다.

잘 키우고 싶은 엄마, 편하게 사랑받고 싶은 아이

엄마가 퇴근 후 집에 들어오면, 아이는 그림책을 읽어달라고 졸랐다. 한글을 깨어 자기도 읽을 수 있는 책을 엄마에게 읽어달라고 하는 일이 이 시기의 아이들에게는 당연하다. 그러나 엄마는 지금 피곤하기 때문에 너에게 책을 읽어주는 것이 힘들다고 아이를 설득하고 이해시키려 애썼다. 아이는 고집을 꺾지 않는다. 엄마는 그림책 대신 내일 영어 교육원에서 배울 영어책을 읽어주려 했다. 지금 너에게 필요한 것은 내일 수업을 준비하는 것이라고 설득했으나 아이는 막무가내다. 결국 둘이 나가떨어진다. 엄마는 소리를 지르고 아이는 울고, 거의 이런 식이었다.

간식도 그렇다. 엄마는 알레르기 피부염이 있는 아들의 간식 챙기기에 남다른 신경을 썼다. 햄버거와 같은 인스턴트식품은 당연히 멀리했다. 학교 앞 문방구에서나 사 먹는 군것질은 상상도 할 수 없는 것이었다. 그러나 아이는 가끔 외할머니와 함께 놀러 나가 불량식품이라 하는 것들을 사가지고 집으로 들어왔다. 엄마는 빼앗고, 아이는 안 빼앗기려 한다. 결국 엄마의 목소리는 높아지고, 아이는 운다. 이 시기에 있는 아이는 엄마에게 저항을 즐긴다는 것을 엄마는 아동 양육서에서 읽었다. 하지만 이론은 이론일 뿐이다. 막상 엄마의 감정이 상하면 원칙은 지켜지지 않는다. 엄마는 아이에게 마구 대한다. 그렇지 않아도 갑작스러운 아빠의 빈자리로 우울해진 아이는 더 공격적이 된다.

엄마와 아이가 그와 같은 작은 일로 설전을 벌이고 있을 때였다. 보다 못한 친정엄마가 한 소리 했다. "애야, 아이를 잘 키우려 말고, 편하게 사랑하면서 키워라." 이 말이 그녀의 머리를 강타했다. 그녀는 잘 키우는 것이 곧 사랑이라 여겼다. 그러나 잘 키우려다가는 엄마의 계획을 아들에게 밀어 넣게 되고, 아들은 그게 싫어 저항하게 되면서 무엇이 진짜로 잘 키우는 것인지 고민하던 중이었다. 그러던 참에 들려온 친정엄마의 한마디는 마치 인생의 도를 깨닫게 하는 찰나의 화두처럼 다가왔다.

'잘 키우려는 것은 엄마의 욕구이고, 편하게 사랑받고 싶은 것은 아이의 욕구이다. 나는 지난 3년간 아이를 위한답시고 내 욕구를 아이에게 밀어붙이지는 않았는가?'

후회는 죄책감을 가지고 온다. 몇 주 전 아들이 다니는 어린이

집 교사에게 전화가 왔었다. "어머니, 아드님이 요즘 들어 부쩍 산만해지고 고집스러워졌어요."

이 말을 듣고, 엄마는 아들 교육을 잘못시켜서 그런 줄 알았다. '더 단단히 교육시키면 그런 비적응적인 행동은 안 나오겠지'라고 생각하고 교육의 강도를 높여가는 중이었다. 그런데 지금, 내가 교육을 무르게 해서가 아니라 아이를 편하게 놔두지 못해서였다는 깨달음이 왔다. 그렇지 않아도 아버지의 빈자리가 아이에게는 허전하게 느껴졌을 텐데, 아이의 감정을 이해해주지 못하는 엄마의 강압적인 양육 태도는 아이를 더 떼쟁이로 만든다.

좀처럼 큰 실패를 경험하지 않은 그녀였다. 이혼도 당당히 했고, 싱글맘이라는 것을 부끄럽게 여기지 않았다. 그런데 아이 양육은 힘들다. 그녀의 말이다. "미리 연습해보지 않고 키우는 일이잖아요. 연습할 수도 없잖아요. 제 마음대로 되지 않는 것이 아이 키우는 것이구나, 하고 깨닫고 있어요."

아이를 양육하는 엄마가 겪는 시행착오를 그녀답지 않게 큰 잘못인 양 해석하고 있었다. 그녀의 강박적인 성격 때문이다. 강박적인 사람은 항상 완전해야 한다. 그래서 작은 실수도 용납하지 않는다. 보통 사람에게는 작은 실수와 실패가 강박적인 사람에게는 큰 실수와 실패가 된다. 엄마의 죄책감은 여기서 끝나지 않았다. 이혼도 전 남편의 감정을 이해하지 못한 나의 잘못 때문이란 생각이 들었다. 그래서 내가 아빠 없는 아이를 만들었다. 그녀는 괴로웠다.

감정적 죄책감을 벗어나 이성적 방향전환을 이루자

나는 모든 엄마들이 그 시기에 아이와 1차전이 시작됨을 알려 줬다. 계속 전시 상태를 유지하는 엄마들도 많으나, 그래도 휴전을 하고 자신을 돌아볼 기회를 가진 당신은 퍽 다행이라고 지지를 했다. 그녀는 모든 엄마가 겪는 1차전이란 말에 다소 위안을 얻었다. '남들은 다 잘하는 것 같은데, 나만 잘못하고 있다. 그래서 더 잘해야 한다'는 생각은 강박적인 성격의 특징이다.

늦었다고 생각할 때가 가장 빠른 때이다. 이 말은 자녀 양육에도 그대로 적용된다. 정신분석학자 도널드 위니캇은 아이들이 놀이를 할 줄 아는 한 큰 문제는 없는 것으로 보았다. 그의 아동정신 진단법은 놀이이다. 놀이의 대상이 적고 많음은 성격적인 것으로 크게 문제 되지는 않는다. 놀지 못하는 아동은 그의 엄마가 놀이 친구가 되어줌으로써 치료된다. 어느 정도 문제를 가진 아이라 하더라도 그가 놀이를 할 줄 안다면 엄마가 적극적으로 놀아줌으로써 문제를 이겨낼 수 있다. 그녀의 아들은 어린이집 가기를 회피하지 않는다. 가서도 한쪽 구석에 쪼그려 앉아 혼자 노는 아이는 아니다.

나는 그녀에게 이런 말을 했다. 네 살 난 아이의 산만하고 고집스러움은 꼭 이상한 것이 아니다. 자기에게 더 관심 가져달라는 신호에 불과하다. 아이의 감정을 이해해주는 양육 태도의 변화로 아이는 서서히 변한다. 그리고 엄마는 늘 불완전하고 실패할 수밖에 없으며, 그로 인해 아이는 후에 인간됨의 한계를 받아들이고 완전치 못한 사람과 세상을 접하고 이해하게 될 것이다. 또한 완벽한 엄마는 있지도 않거니와, 있다고 한다면 그녀는 아이를 영원한 어린이로 만들 것이다.

나는 엄마가 자신의 존재감을 잃지 않으면서도 이 모든 변화를 가능하게 하는 한 가지를 주지시켰다.

"죄책감을 가지지 마세요. 죄책감을 크게 가질 만큼 당신이 잘못한 것은 없습니다. 엄마가 되는 과정에서 누구나 겪는 약간의 실패가 있었을 뿐입니다. 죄책감이 아들에게 투사되면 아들을 나쁜 아이로 만들어 화를 냅니다. 상대를 배려하고 이해하는 건강한 죄책감이 아니라면, 죄책감은 나와 너 모두를 갉아먹는 유해한 박테리아입니다."

죄책감은 지금 여기서 해야 할 일을 미루는 일종의 회피이다. "다 내가 잘못했다"는 사람치고 제 의무를 다시 충실하게 이행하는 사람은 드물다. 죄책감은 우울감을 만들고, 우울감은 전염성이 있다.

신약성경에 나오는 회개_{metanoia}는 그리스어로 '방향전환'을 의미
한다. 엄마들은 자식 양육에 있어서 수없이 많은 죄책감을 느낀
다. 죄는 회개되어야 한다. 진정한 회개는 과거를 뉘우치고 통회
하는 자책이 아니라 '방향전환'이다. 시점은 지금 여기서부터다.
늦었다, 그래야 뭐 하느냐, 나에게 그런 능력이 없다, 이런 것들
은 다 방향을 전환하고 싶지 않고 이전으로 돌아가려는 회피에
불과하다. 감정적 죄책감은 소리만 요란하게 울리는 꽹과리이다.
이성으로 돌아오라. 이성의 빛으로 자신을 용서하라. 그리고 지
금 여기서 이성적 통찰로 방향의 전환을 이루어라.

자식 양육에 관한 한 왕도도, 최선도 없다. 매뉴얼은 참고용일
뿐이다. 하나의 성공담을 따라가지 말라. 그 성공담은 그 엄마와
아이의 것이다. 모든 아이에게 적용될 수 없다. 엄마 수업은 자
녀와 함께 미지의 길을 개척하며 나가는 것과 같다. 행동주의 심
리학자 존 왓슨_{John Broadus Watson}은 아동의 행동수정에 대한 과한
자신감으로 "나는 부모가 원하는 아이로 만들어 줄 수 있다"고
호언장담했다. 그러나 실제로 그렇게 만들어준 기록은 없다.

부모가 아이를 선택한 것이 아니라 아이가 부모를 선택했단
말이 있다. 편모슬하에서 성장해야 하는 아이, 혼자서 아이를
양육해야 하는 엄마, 둘이 운명처럼 만났다. 모든 운명은 각자에
게 십자가처럼 느껴질 수 있으나 뒤돌아보면 복의 통로이다. 복

의 기준은 인간의 성장 정도에 따라 바뀌어야 한다. 그렇다면 자식을 있는 그대로 사랑의 눈으로 볼 수 있는 것이야말로 각자가 누려야 할 복이다.

그런 의미에서 운명은 존중받고 사랑받아야 한다. 반면에 운명을 개척해나가는 인간의 선한 노력은 존귀한 것을 넘어 신성한 것이나. 모든 엄마에게 엄마가 되는 수업은 운명이다. 엄마 수업은 생의 마지막까지 계속된다. 아이들이 성장하여 다 떠난 후에도 마음속에서는 엄마 수업이 계속 진행된다. 세상에 엄마로 살아가는 수업만큼 신성한 것이 또 있을까?

"내 병은 다 엄마 때문이야"

딸에게 진솔한 말 걸기로
죄책감에서 나오기

딸은 연극영화과에서 연극을 전공
하는 졸업반이다. 한 학기만 다니면 졸업한다. 딸은 중고등학교
에 다닐 때부터 공부를 잘했고, 본인이 처음부터 원하는 대학
학과에 진학할 수도 있었다. 그런데 무슨 바람이 들었는지, 고등
학교 2학년 때에 그동안 취미로 해온 보컬을 살려 전공을 바꾸
겠다고 엄마에게 떼를 썼다. 엄마는 그 과의 진로가 불투명하다
고 극구 말렸으나, 딸의 고집을 꺾을 수가 없었다. 딸은 거액의
레슨비를 들여 삼수를 했고, 본인이 원하는 대학교에 입학할 수
있었다.

아버지는 딸이 네 살 되던 해에 세상을 떠났다. 엄마는 남편이 하던 작은 기계 부품 제조업을 물려받아 외동딸의 뒷바라지를 해줄 수 있었다. 하는 일이 주로 남자를 상대로 했다. 직접 노동도 해야 하는 거친 일이었지만, 한 때는 벌이가 좋았다. 그러나 여성의 능력으로서는 마케팅에 제한이 있었고, 중국과의 교역이 확대되면서 그 계통의 많은 영세사업자들은 문을 닫아야 했다. 엄마는 그동안 벌어놓은 돈과 약간의 부동산으로 딸을 뒷바라지해야 했고, 노후 대책도 알아서 마련해야 했다.

그러나 엄마의 계획은 점점 무너지고 있었다. 대학에 들어가도 딸의 레슨비용은 계속 들어갔다. 미래가 불안한 딸은 입시준비 때보다 더 비싼 레슨을 고집했다. 뿐만 아니라 외모를 중시하는 딸은 엄마도 안 써본 고급 화장품을 애용했다. 계절마다 백화점에 가서 고급 옷을 구입했다. 전공수업의 연장이라 하여 각종 공연을 관람한다면서 꼭 로열석이나 A석을 고집한다.

딸은 이런 외형적인 것에 자존감을 걸었다. 그게 다 많은 돈이 들어가는 일이다. 엄마는 외동딸의 고집을 꺾을 수가 없었다. 가족이라고는 달랑 딸 하나이다. 가급적 요구를 다 들어주려 했다. 딸은 엄마가 가진 돈의 바닥이 드러날 때까지 다 **빼앗아** 쓰려고 결심한 것처럼 굴었다.

마음의 병에 걸린 딸과 엄마의 죄책감

엄마는 사업으로 바빠 어린 딸을 제대로 돌봐주지 못하고 주로 옆집 아줌마에게 맡긴 적이 많았다. 애정이 결핍돼서인지 딸은 학교생활 적응에 늘 힘들어했다. 성격은 내성적이지만 집에서는 자주 공격을 일삼았고, 급격하게 우울 모드로 전환되기도 했다. 감정 진폭이 크니 친구관계가 좋을 리 없다. 딸의 자존감을 지켜주는 것은 외적인 화려함이었다. 딸은 무대에서 박수갈채를 받으며 연기를 하거나 뮤지컬을 하는 자신의 모습을 떠올리며 진로를 바꾼 것이다.

엄마는 딸의 이런 평범치 않은 성격을 자신의 탓으로 돌렸다. 엄마가 꼭 필요한 때에 함께 있어주지 못한 것에 대한 죄책감을 가지고 있었다. 그런 죄책감을 보속하기 위해서, 적금통장을 해약까지 해가며 딸의 요구를 들어줬던 것이다. 밖에서는 마음이 여린 딸이지만, 유독 엄마에게만큼은 강자가 되는 그 고집을 꺾을 수가 없었다. 하나뿐인 딸의 불규칙한 감정 변화를 다 받아줘야만 했다.

딸은 대학 3년을 매우 힘들게 다니다가, 4학년이 되어서는 인간관계와 미래에 대한 불안이 심해지면서 그 증후군으로 환청에 시달렸다. 경계선 성격장애라는 진단을 받았고, 이후 정신과에 몇 번의 입원과 퇴원을 반복했다. 학교도 복학과 휴학을 반복했다. 내가 이 모녀를 처음 만났을 때에, 딸은 대학 7년째 마지막 학기를 다니고 있었다. 엄마는 나이 30이 다 된 딸의 병치레와 뒷바라지로 심신이 만신창이가 돼 있었다. 엄마도 나이 60이 다 되었다. 이제는 딸의 돌봄과 이해도 받고 싶은 나이였다.

"네가 마음의 병에 걸렸다고 해도 그것은 네 의지의 문제이다. 이 엄마를 봐라. 네 아버지 없이도 당당히 사회생활하며 살아가지 않느냐. 너는 엄마에 대한 의존도가 너무 심하다. 대학 7년을 다니면서 남들 다 하는 아르바이트를 한 번이라도 해 봤느냐. 네가 마음을 약하게 먹으니까 병도 온 것이다. 네가 엄마에게 떼를 쓰듯 엄마도 떼쓸 사람이 필요하다. 이제는 네가 그 역할을 좀 해야 할 나이가 아닌가. 경제적으로나 심리적으로나 엄마가 얼마나 힘든지 최소한의 이해라도 했으면 좋겠다. 작은 협조라도 해 줬으면 좋겠다."

엄마는 화의 수치가 높아질수록 목소리도 커졌다. 그러면 딸의 목소리도 함께 커졌다. 모녀는 험한 말까지 하며 싸운 적이 한두 번이 아니다. 그리고 나면 후회는 늘 엄마의 몫이다. 엄마의 후회 사인에 딸은 더 기세가 등등해진다.

'모든 게 나 때문'이라는 여성 피학대증

엄마의 희망은 딸이 잘 되는 것이다. 아직 한창 젊은 때, 딸이

삐뚤어질까 봐 좋은 재혼 자리도 포기했다. 아침부터 늦은 밤까지 힘들게 일하고 집에 들어와서는 잠자는 딸의 얼굴만 봐도 위로받았다. 공부를 잘하는 딸은 최고는 아니어도 중간 이상의 멋진 사회인으로 살아갈 수 있다고 믿었다. 예능으로 진로를 바꿀 때도 워낙 노력파 딸이니, 그 분야에서도 제 역할을 할 것이라 믿었다. 그러나 딸이 마음의 병을 얻자, 엄마의 기대는 산산조각이 났다.

내가 상담을 통해 만나본 엄마는 딸에 대한 아련한 의무만 남아 있었다. 혼자 사느라 그녀가 받은 상처까지 포함하여, 마음 깊은 곳에는 원망과 분노가 있었다. 돈으로, 마음으로 아낌없이 그 분노를 퍼부었다. 돌아온 것은 절망과 경제적 불안이다. 딸은 증상이 심해지면 자신이 이렇게 된 것은 엄마 때문이라 하며 엄마를 공격함으로 집안에 전운이 감돌게 했다. 경계선 성격장애자들이 자신의 정서적 어려움을 엄마 탓으로 돌리는 것은 일반적이다. 엄마는 수면제의 도움을 받아 잠을 청해야 했다.

가족 중 한 사람의 불안은 다른 구성원에게 전이된다. 경계선 성격장애의 가장 큰 원인은 버림받을지 모른다는 유기불안이다. 어린 시절에 혼자 있는 시간이 많아서였다. 엄마도 함께 불안해하면 딸의 치유는 지연된다. 엄마가 치유되어야 엄마도 살고 딸도 산다. 자식 병든 것만 걱정했지, 자기도 병들고 있다는 것은 모르는 엄마들이다. 그녀들은 자식의 치료를 위해서 무엇을 해줄 것인가만 생각했지, 정작 자신의 치료를 위해서는 무엇을 해야 하는지도 모르고 있다. 엄마가 치유되어야 자식도 치유된다는 사실을 모르고 있다.

인간의 마음속에서 일어나는 갈등과 불안은 그의 내적·외적 환성을 받아들이시 못하기 때문에 오는 경우가 많다. 최악의 상황에서도 그 최악을 받아들인다면 불안은 최소화된다. 득도得道란 지금 현재의 상황을 그대로 받아들일 수 있을 만큼 인식의 범위가 확대된 상태를 말한다. 있는 그대로의 받아들임, 이것이야말로 영원히 변치 않는 행복의 우선 조건이며 엄마 수업의 필수과목이다.

엄마는 지금의 상황을 받아들여야 한다. 엄마가 그렇게 하지 못하는 이유는 표면적으로 딸 때문인 것처럼 보인다. 딸이 원하는 결과물을 보이지 않아서. 그러나 내면으로 들어가면 거기에는 '이 모든 나쁜 결과를 초래한 것은 나 때문'이라는 '여성 피학대증'Woman Masochism이 있다. 여성 피학대증은 가족을 살리기 위하여 나쁜 것의 귀인을 자신에게 두는 것을 말한다. 한 가족의 정서에 엄마가 미치는 영향은 실로 큰데, 그 엄마가 피학대증에 걸려 있다면 가족의 정서는 어떻게 되겠는가. 이 땅의 모든 엄마는 결실은 없고 책임 소재만 있는 '나 때문'에서 벗어나야 한다. 그것은 아무것도 못하게 만드는 무용지물이다.

그 때는 그게 최선이었다

지금의 상황에 대한 이해를 재구성하기 위해서는, 그 상황과 관련 있는 과거의 중요한 사건으로 시간여행을 해야 한다. 엄마는 갑작스러운 변화의 시점, 남편이 세상을 떠났던 30대의 나이로 돌아가야 한다. 말로만 듣던 청상과부가 자신이 될 줄은 상상도 못했다.

엄마는 그 시대에 대학원까지 마친 귀재인 데다 미인이다. 지인들이 좋은 재혼 자리를 여러 곳 소개했으나 다 거절했다. 딸을 지키기 위해 남편의 사업을 이어받는 일은 필수였다. 딸을 어린이집 종일반에 보낸다든가 다른 사람에게 맡기는 일들은 어쩔 수 없었다. 돌보는 사람이 자주 바뀌는 것이 어린 딸의 정서에 매우 나쁘다는 것을 그때는 몰랐다. 알았다 하더라도 별 방법이 없었다.

인간은 필요한 모든 것을 얻을 수 없다. 신은 우리에게 하나를 주면 다른 하나는 빼앗아간다. 하나를 빼앗아가면 다른 하나를 준다. 엄마는 딸에게 돈으로 해줄 수 있는 것은 해줬지만 정서적 지지는 해줄 시간이 없었다. 딸은 경제적 풍요를 누렸으나 정서적으로는 결핍되었다. 엄마는 아버지 없는 버릇없는 딸로 키우지 않겠다며, 딸에게 좀 엄하게 했다. 엄마 부재의 빈 공간이 딸에게 유기불안을 만들었다는 것은 모르고, 그때는 그렇게 해야하는 줄 알았다. 엄마로서는 최선을 다했다. 이런 환경에서 자란 어떤 아이는 잘될 수도 있고, 그런 경우도 많다고 생각했다.

인간은 동일한 환경에 놓였다고 동일한 사람으로 성장하지는 않는다. 지금의 결과가 과거의 환경과 인과관계가 있는 것은 맞지만, 어떤 인간도 미래를 대비해서 과거 자신의 환경을 완벽하게 조절할 수는 없다. 왜냐하면 그 과거는 또 다른 과거와 인과관계가 있기 때문이다. 인간은 모든 인과관계를 관장하는 주체가 될 수 없다. 그래서 숙명론도 있다.

우리는 자신의 숙명을 만든 모든 인과관계를 겸손히 받아들여야 한다. 치유는 그때부터이다. 여성 피학대증의 무의식적 신념은 "엄마가 다 책임져야 한다. 다 엄마 때문이다"이다. 자신의 삶도 다 챙기지 못하는 것이 인생이다. 다 책임지려 말자. 과대망상일 뿐이다. 여성 피학대증은 현모양처로 미화되고 있으나 버려야 할 피해망상이다.

"만일 시간을 되돌려 놓는다면 어떤 최선의 결정을 할 수 있을까요?"

엄마는 잠시 망설인 후 말했다.

"그 때는 그게 최선이었습니다."

"맞습니다. 그때에 최선의 결정을 하셨습니다. 지금 어머니의 그 결정을 받아들이셔야 합니다. 결과가 어떠하든지 말입니다."

엄마는 면죄부를 선물 받은 기분이라고, 무겁던 마음이 편해졌다고 했다. 그리고 확인 받으려는 질문을 했다.

"딸이 마음의 병에 걸려 있는데, 내가 이렇게 편해도 되는 건가요?"

"딸이 병에 걸려 있을수록 엄마는 편해야 합니다. 지금 딸은 엄마만 보기 때문입니다."

진실성으로부터 시작되는 치유와 소통

처음 심리학을 접하는 경우 보통은 엄마에게 책임을 떠넘긴다. "엄마 때문이다." 맞다. 엄마가 딸을 놓고 사업에 힘쓰다 보니 그렇게 됐다. 애비 없이 버릇없는 딸로 키우지 않기 위해 좀 엄하게 했다. 이렇게 따지면 어떤 결과에 대한 인과관계는 계속 위로 거슬러 올라간다. 엄마도 그때의 환경, 그리고 원래의 가족으로부터 어떤 영향을 받았다. 그러나 심리학은 분풀이가 아니라 치유를 위해 있다. 이론으로 인과관계를 따지는 것은 과거의 실수와 실패를 되풀이하지 말자는 것이지, 책임을 묻기 위해서가 아니다.

인과관계는 결정론이 아니다. 지금 최선의 선택과 결정은 후에

보다 나은 결과를 예측하고 얻기 위한 것이다. 어차피 과오는 있다. 심리학은 그 과오를 없애자는 것이 아니라 줄이자는 것이다.

지금 내가 서 있는 자리는 피할 수 없는 내 인생 여정의 한 지점이다. 그대로 감사로 받아들인다면, 감사의 인과관계가 형성되어 미래에도 감사할 것이다. 감사의 과제를 잘하기 위해 짚고 넘어갈 것이 있다. 부모와 성인인 자녀 간에는 솔직한 대화가 필요하다. 좋다는 감정이나 싫다는 감정조차도 숨겨야 하는 상하 수직의 관계는 지금의 핵가족 시대에 적합하지 않다. 숨길 것이 많은 관계에서 감사는 다 위장이다. 좋은 게 좋다는 식이지만 마음속에서는 좋지 않는 감정이 분출할 기회를 노린다.

"지금 엄마의 심정을 딸에게 솔직히 이야기해보신 적이 있으신가요?"

"그러면 딸에게 동정을 구하는 게 됩니다."

"동정이요? 스물여덟 살 딸에게 동정받는 게 어때서요."

예전에 어른의 권위가 힘에서 나왔다면, 지금 어른의 권위는 소통에서 나온다. 아무리 수직적 서열이 존재한다 하더라도, 소통할 때만은 수평적이어야 서로 진실을 나눌 수 있다. 상담 및 심리치료도 그렇다. 고전적 치료이론인 프로이트와 칼 융의 치료 방법이 치료자의 지식과 경험에 의존하여 권위적이라면, 대상관계이론이나 인간중심 심리학에서는 상호 보완의 관계를 중요시

한다.

칼 로저스는 상담자의 중요한 자질로 '진실성'을 언급했다. 진실성은 상담자가 내담자에 대해 가지는 느낌이나 생각을 내담자에게 솔직하게 전하는 용기이다. 지각을 자주 하는 내담자에게는 싫다는 표현을 해야 하고, 화를 잘 내는 내담자에게는 기분 나쁘다고도 말할 줄 알고, 뛰어난 통찰력을 가진 내담자에게는 기쁘다는 말을 할 수 있어야 한다.

모녀관계에서 진실성은 처음에는 어색할 수 있으나, 익숙해지면 가식이 없는 솔직한 관계로 발전한다. 솔직한 관계는 상호 즐거운 보상행위를 주고받는다. 엄마도 자식에게 욕구와 감정이 있음을 말해야 한다. 엄마라고 희생만 하고 다 참는 존재라는 인식을 불식시켜야 한다. 그래야 진실성을 구현할 수 있다.

딸은 스물여덟 살이다. 엄마의 욕구를 모를 정도로 인지기능에 문제가 있는 것은 아니다. 자식이 몇 가지 결점을 가지고 있다고 하여 만년 응석받이로 만들지 말라. 나는 엄마에게 그동안 딸에게 하고 싶었으나 당신의 죄책감 때문에 하지 못한 말들을 서서히 시도해보라고 했다. 단 감정 폭발은 주의하라고 당부했다. 딸도 그런 낯선 상황에 대한 적응기를 거칠 것이고, 그러고 나면 엄마를 대하는 방식이 훨씬 부드러워질 것이라 말했다.

그로부터 몇 주 후, 엄마는 딸이 의외로 자기의 말을 서서히 듣기 시작했다는 보고를 했다. 드디어 소통이 시작된 것이다. 나는 이 소통이 딸의 유년기 분리불안까지 치료해줄 것을 기대하며 엄마에게 지지와 격려를 보냈다. ✳

못 미더운 딸의 결혼

유년기의 두려움과
불안에서 벗어나기

자식을 슬하에 두려는 엄마의 집착은, 그 자식이 배우자를 찾는 과정에 결정적으로 나타난다. 엄마 슬하의 안전함을 버리지 못하는 자식은 엄마가 원하는 배우자를 선택하려 한다. 반면 엄마의 안전함을 거부하고 자유를 원하는 자식은 엄마가 원하지 않는 배우자를 선택할 수 있다. 엄마 슬하의 안전함과 자신의 자유를 잘 조화시킨 자식은 엄마의 의견을 존중하되 선택은 자신이 한다. 결국 배우자 선택의 결정권은 자식에게 달려 있음을 엄마도 인정하지 않을 수 없다.

돈에 집착하는 엄마와 맘마걸 딸

서른세 살 된 딸에게 세 번째 남자친구가 생겼다. 엄마는 또 긴장하기 시작했다. 아직은 딸이 평생 살아갈 배우자를 스스로 선택할 만큼 어른은 아니라고 판단했기 때문이다. 딸을 노련하게 통제할 줄 아는 엄마는 성급하게 남자친구에 대한 질문을 하지 않는다. 그러면 딸이 저항을 한다. 엄마는 딸이 스스로 자신의 남자친구에 대한 엄마의 생각을 묻게 만드는 방법을 알고 있다. 적당한 거리를 유지하며 딸의 입을 간지럽게 만들어 딸의 의존 심리를 건드리는 거다. 엄마에게서 분리가 덜 된 딸은 이 거리를 유지하지 못하고, 엄마에게 먼저 다가가 남자친구에 대한 이야기를 한다.

딸은 앞의 두 남자친구에 비해, 이번 남자친구에게 안정감을 느꼈다. 만나면 편안하다. 만나면 편안한 사람이 평생 반려자로 가장 좋다는 말을 들은 적이 있다. 막상 그런 사람을 만나니 인연이란 이런 것이구나, 하는 느낌이 들었다. 그런 인연과 1년 이상을 만나니 자연스럽게 결혼이야기가 오갔다. 딸은 남자친구의 부모와 함께 식사를 하며 결혼에 관한 이야기를 주고받기 시작했다.

다음은 엄마의 허락을 받을 차례이다. 그런데 엄마는 남자친구의 모든 것을 다 파악하고 있었다는 듯이 제동을 걸었다. 이유는 돈이다. 공기업에 다니고 있는 딸의 남자친구는 엄마에게 연봉 적은 봉급쟁이에 불과하다. 엄마는 그 연봉에 딸을 내줄 수 없다고 진작부터 결심하고 있었다. 안정된 직장은 맞다. 앞으로 연봉도 계속 올라갈 것이다. 그러나 그것으로 내 딸을 데려갈 생각은 말아라, 하고 있었다.

엄마는 딸을 타일렀다. "좋은 감정은 잠깐이야. 결혼하면 그런 것들은 금방 먼 하늘로 날아가고 남는 것은 현실뿐이야. 연애는 낭만, 결혼은 현실이야. 조금만 기다려봐라. 좋은 사람 알아보고 있단다."

딸의 마음은 흔들렸다. 엄마의 말이 거의 항상 옳았으니까. 1년 이상이나 좋은 감정을 주고받으며 사귄 애정이 엄마의 말 한마디에 흔들렸다. 엄마는 결혼이란 같은 계층끼리 하는 것이고, 계층은 곧 재산의 정도에 따라 나뉜다는 암시를 보였다. 딸은 엄마의 이런 암시를 거부하면서도 결국 자기 것으로 만들었다. 그 남자친구와 결혼을 하면, 지금과 같은 경제적 풍요를 누릴 수 없다고 생각하자 딸은 인생이 막막해지는 것 같았다. 남자친구를 사랑한다고는 하지만, 배우자가 될 수 없는 조건들이 하나 둘씩 보이기 시작했다. '나만 보고 살 사람은 아니야, 애정에 적극성이 없어, 속을 알 수 없어……'

엄마와 심리적 분리가 덜 된 이 딸. 생각 없이 남자친구에게 엄마의 말을 그대로 전했다. 그리고 결혼이야기는 하지 말고 만나서 좋은 이야기만 하자고 했다. 남자친구는 결혼 등급에는 못 미치니 로맨스로만 만나자는 건가, 돈으로 남자를 평가하고 자존심을 건드렸으면서 그것이 대수가 아닌 것처럼 여기다니 그녀에게 화가 났다. 딸은 자신이 그러하듯 남자친구도 엄마의 말에 그대로 동의할 줄로 알았나 보나.

남자친구는 화가 나서 팽하니 돌아섰다. 이 여자, 남자의 자존심을 건드려 놓고 그저 속 좁은 남자라고 애먼 타령을 하고 있다. "내 예측이 맞았어. 이 남자 나만 볼 사람이 아니야. 애정에 적극성이 없어. 그래도 나를 사랑한다면 잡아야지."

확실히 '맘마걸' 맞다. 남자의 자존심 1호를 건드려 놓고, 그도 자기 엄마의 말에 복종할 줄 알았나. 집에서 엄마 말이 최고인 유치원생이 유치원에 가서 하는 말과 같다. "우리 엄마가 그랬어." 자신이 한 말이 남자의 자존심과 남자 부모의 자존심 모두를 건드렸다는 것을 모르고 있었다. '맘마걸'은 일종의 공주병 스펙트럼에 속하는 부류로 타인에 대한 이해가 부족하다.

엄마의 가치관에 대한 딸의 반란

딸은 엄마의 기준에 맞는 몇몇의 남자와 맞선을 보았다. 그러나 감동이 오지 않았다. 그 거만한 남자들이 이렇게 말하고 있는 것 같았다. "나 좋아하는 사람은 얼마든지 있어. 결정은 네가 나를 선택하는 것이 아니라, 내가 너를 선택하는 여부에 달렸어." 그가 맞선으로 만난 남자들은 고소득 전문 직업인들이었다. 딸의 엄마는 당신의 재산으로 그런 사위를 들일 수 있고, 그것은 가문을 위해서나 딸의 미래를 위한 최선이라고 생각했다.

그런데 딸은 엄마가 좋아하는 돈 잘 버는 남자와 맞선을 보면서, 결혼은 그런 것이 아니라는 생각이 들었다. 돈만 많으면 뭐 하나. 아내보다도 그 돈을 더 사랑할 사람들인데. 그 남자들과 함께 식사를 하고, 차를 마시고, 영화를 봐도 어딘지 모르게 불편했다. 그 사람들의 인격이나 진실은 그들이 가진 것들 뒤에 숨어 있었다.

딸은 제정신으로 돌아와 결혼에 관한 한 자기 가치관을 따르겠다고 다짐하고 있었다. 엄마가 좋다는 사람을 거부했고, 엄마가 주선한 맞선 자리에 나가지 않았다. 평생 살 사람을 외적 조건만으로 결정할 수는 없는 일이었다.

이렇게 엄마와 파열음을 내고 고민에 빠진 딸에게 아버지가 한 말씀하셨다.

"또 엄마의 말에 흔들리고 있구나. 결혼은 네 확신이 우선이다. 엄마는 조언자일 뿐이다. 너 자신의 주체적 결정을 내려야 한다."

엄마에게는 돈이 양반이다. 이런 경험에 근거한 신념은 요지부동이다. 엄마는 지금까지 당신 말에 잘 순종하며 커온 딸이 다 된 밥에 재를 뿌린다고 했다. 마지막 관문만 남았는데, 말없이 따라만 오면 되는데 딸이 아버지의 지원을 받아 반란을 일으킨다고 생각했다. 가장 중요한 순간에 반란군이 된 딸을 엄마는 이해할 수가 없었다.

엄마가 돈에 집착하는 심리적 이유

엄마에게 가장 중요한 삶의 목적은 돈이었다. 말단 공무원인 남편만 믿고서는 3남매를 가르칠 수 없다고 판단하여 일찍부터 사업 전선에 나섰다. 엄마가 유통업을 하면서 배운 것은 돈의 위력이다. 돈 앞에는 권력도 무릎을 꿇는다. 돈으로 자기를 포장할 명예 정도는 얼마든지 사들일 수 있다. 허탈한 마음을 달래려고 종교를 찾은 그녀는 종교 역시 돈의 위력 아래 놓여 있는 것을 보았다. 그녀는 자신이 속한 종교 단체에서 많은 헌금을 함으로 유세를 떨었다.

이 세상은 물질로 구성되어 있어, 돈의 위력을 피해 살 수는 없다. 셰익스피어는 "돈은 보이는 신이다"라고 말했다. 이 말은 진실은 아니어도 어떤 면에서는 사실이다. 대부분의 사람들은 평생을 '돈, 돈, 돈' 하면서 살아간다.

신은 인간에게 먹을 것을 떨어뜨려주지 않았기 때문에 인간의 운명에는 돈이 거머리처럼 붙어 다닌다. 그렇다 하더라도 사회화된 사람은 돈을 인격의 전면에 내세우지는 않는다. 어떤 자리에 가더라도 대놓고 돈의 위력을 과시하지는 않는다는 말이다. 그런 사람이 있다면, 그는 인격이 그만치인 사람들이다. 돈은 가치관과 연결되어 있어 자기수양을 촉진시키기도 한다. 돈에 대한 자세는 발달심리학 관점에서 심리적 미성숙의 증상으로 연결되기도 한다. 그래서 돈은 사람의 인격을 침투해 들어오는 마약이 될 수도 있다.

프로이트의 심리성적발달이론은 '돈에 대한 태도'를 항문기 고착으로 설명한다. 엄한 엄마 밑에서 배변 훈련을 받은 아동은 대변보는 것을 두려워한다. 실수를 하면 엄마에게 혼난다. 배설보다는 참는 쪽을 먼저 선택한다. 대변은 황금색으로 돈을 상징한다. 배설을 참는 것은 곧 돈을 보유하는 현상이다. 배설은 하고 싶은데 참아야 하니, 심인성 변비에 걸리기도 한다. 여기에 고착된 사람은 엄마에 대한 두려움을 세상에 대한 두려움으로 전이시켜, 돈을 비축하는 것으로 두려움을 해결하려는 무의식적 의도를 가진다.

그들은 돈 버는 능력이 뛰어나고, 번 돈은 좀처럼 쓰지 않는다. 구두쇠란 소리를 듣고, 돈이 인격의 중심이 된다. 엄마에게

"내 똥은 아직 방출 안 했고, 내 배에 있어"라고 함으로 엄마로부터 받을 두려움을 해소한다. 즉 돈이 인생의 두려움에서 벗어나게 해준다고 믿는다. 그래서 할 수만 있다면 비축해둬야 한다. 이들은 냉혹한 세상에 대한 방어로 돈으로 포장된 인격을 만든다. 자식들에게만 퍼주거나, 자식들에게도 인색하게 굴다가 죽을 때가 되시야 움켜쥔 손을 놓는 부자들도 있다.

잘 쓰기 위해서 돈을 벌고 많이 번 후에는 사회의 유익을 위해서 기증하는 미국의 기업가 이야기는 이들에게 동화 속의 만담에 불과하다.

두려움은 구체적인 대상을 가진다. 힘센 누가 두렵다, 상사가 두렵다, 권력자가 두렵다, 세상이 두렵다 등으로 표현된다. 그러나 인간의 불안은 그 실체가 분명하지 않다. 프로이트도 인간에게는 타고난 불안이 있다고 했다. 정신분석학자 멜라니 클라인 역시 불안은 없애는 것이 아니라 삶의 에너지를 활성화시킴으로 상대적으로 약화시켜야 한다고 말했다.

자아는 무의식적 불안이 증가하면 이를 보다 해결하기 쉬운 의식적 두려움으로 만든다. 즉 정체를 알 수 없는 불안을 정체를 알 수 있는 특정 대상에 대한 두려움으로 전치displacement시킨다. 두려움의 실체인 불안을 의식으로 끌어올려 특정 대상 앞에 직면하고 이해받는 것만으로 불안은 줄어든다. 즉 두려움이 줄

어든다.

돈에 승부를 건 엄마의 문제는 세상에 대한 두려움이었다. 세상이 두려우니 '보이는 신'인 돈으로 자기를 방어한 것이다. 돈 아니고서 방어할 다른 것을 찾지 못한 부자들은 돈에 관한 한 무섭게 반응한다.

그들은 돈줄을 알고, 돈 모으는 방법을 알지만, 쓰는 법은 잘 모른다. 두려움에 대한 방어용으로 돈을 사용하기 때문이다. 그들은 돈을 다스리지 못하기 때문에, 돈을 많이 벌수록 돈의 노예가 된다. 이들은 완벽하고도 경직된 인격을 가진다. 자기방어 본능이 강하기 때문이다. 겉은 강해 보이나 속은 불안하다. 마음의 에너지가 내적 성장이 아닌 외적 방어벽 구축에 쓰였기 때문이다. 만일 이들의 재력이나 재력에 대한 권한이 약화된다면, 이들의 존재감은 말할 수 없이 떨어진다. 거기에 존재를 걸었기 때문이다. 그 상태로 노인이 된다면, 고집쟁이 노인이 되거나 우울증에 걸린다. 방어체계가 무너졌기 때문이다.

엄마는 자신을 위해서나, 가족의 화목을 위해서 변해야 한다. 오랫동안 굳어진 돈에 관한 관점을 변화시키려 한다면 실패한다. 마음은 그가 만든 방어 체계를 건드리면 더 굳건한 방어를 만들려는 본능을 가지고 있기 때문이다. 돈 집착의 문제는 뒤로 하자. 내가 왜 돈에 집착하는지를 먼저 살피자. 내가 왜 '돈 방어기제'를 산성처럼 높게 쌓아 외부 세상과 차단하고 있었는지 그 원인을 탐색해야 한다. 세상에 대한 두려움 때문이다. 그들은 살아있으면 어느덧 살아진다는 평범한 이치를 깨닫지 못한다.

돈에 대한 강박은 불안을 달래려는 의식

나의 심리 상담소에서, 엄마가 한 말이다.

"남편의 경제력을 믿을 수가 없었어요. 박봉으로는 세 자녀를 키우고 교육시킬 수 없었어요. 가난한 사람에게 세상은 두려운 것이에요. 미래를 생각하면 더 두려워요. 우리 아이들이 세상 변두리로 내던져지는 것은 아닌가, 하는 두려움 말이에요. 사람들은 가난한 사람을 무시해요. 무시당하지 않고 당당하게 살기 위해서는 돈을 벌어야 해요."

그녀는 두려움 때문에 돈을 벌었다는 것을 말하면서 부끄러운 표정을 지었다. 딱히 두려울 것도 없는데 두려움을 버리지 못 한다고 했다. 자기 혼자만 인생의 즐거움을 모르고, 무거운 책임감을 지고 언덕을 오르고 살아왔다고 역정을 내었다.

나는 물었다. "남편의 경제력에 대한 불신은 그럴만한 이유가 있었나요? 아이들, 세상, 미래에 대한 두려움도 그럴만한 이유가 있었던 건가요?" 그녀가 가지고 있는 두려움의 실체를 객관화하여 자신을 들여다보게 하는 질문이었다.

"호봉이 올라가면 남편의 봉급도 올라갑니다. 그러면 아이들이 성장함에 따라 증가하는 양육비를 그런대로 충당할 수는 있겠지요. 제가 시간제 근무라도 한다면 부자는 아니어도 그런대로 살아갈 수는 있었을 걸요. 공무원 연금에 가입되어 있으니 노후도 크게 걱정할 일은 없었을 겁니다."

여기까지 말한 엄마는 잠시 침묵 후, 그동안 누군가에게 말하고 싶었으나 차마 말하지 못한 자기만의 비밀을 말했다.

"다 제 욕심 때문이에요. 아니 세상이 두려웠어요. 아버지가 일찍 돌아가신 어린 시절부터 정체를 알 수 없는 불안이 제 마음 속을 떠돌아다니고 있었어요. 저는 그것들을 진정시키는 저만의 의식이 있었어요. 숫자를 센다든가, 길을 걸으면 발걸음을 센다든가, 세안을 할 때 손짓을 센다든가 하는 것 말입니다. 마치 돈 중독이 된 사람처럼 돈 버는 일에 골몰하고 미친 듯이 쫓아다닌 것도 일종의 제 불안을 달래는 의식이었어요. 돈을 버는 표면상의 이유는 보통 사람들과 다르지 않았어요. 하지만 내면에서는 불안을 다루는 유일한 의식이었어요. 저뿐만 아니라 자수성가한 많은 사람들이 그런 것 같았어요."

"…… 돈을 벌면서도 돈으로부터 자유로울 수 있잖아요. 돈 잘 버는 게 죄는 아니니까요. 그런데 저는 돈을 강박적으로 따라다녔어요. 벌수록 만족하기보다는 더 벌어야 세상에 대한 두려움에서 벗어날 수 있다는 압박감 말이에요."

돈 집착의 원인이 분명해졌다. 그녀는 가난한 농가에서 4남매 중에 맏딸로 태어났다. 너무 일찍 어른이 되어 동생들을 돌봐야 했다. 돌봄을 받아야 할 어린 나이에 돌봄을 받지 못한 불안은 무의식에 쌓아둔 채, 동생들의 작은 엄마 역할을 해야 했다. 초등학교에 입학해서는 '다 큰 애'라는 말을 수없이 들었다. 단지 세 명의 동생들보다 컸을 뿐인데, '다 큰 애'라는 수식을 달고 무거운 책임을 떠맡았다.

엄마는 하루 종일 논과 밭에서 일을 하셨고, 시간이 나면 남의 일을 해주려 다녔다. 아이들은 불안할 때 달래줄 대상을 찾아 어리광을 부린다. 그녀는 어리광을 부려야 받아줄 대상이 없었다. 오히려 연년생으로 있는 동생들의 어리광을 받아줘야 했다.

설상가상으로 초등학교 때에 아버지는 사고로 돌아가셨다. 그녀는 아버지의 역할까지 떠맡아 가족을 돌봐야 한다는 불안에 시달렸다. '다 큰 애'이기 때문이다. 이 시기의 불안이 강박적 성격을 만들어 세상과 미래를 두려운 곳으로 만들었다. 두려운 세상에 대한 완벽한 대처는 돈이다. 돈을 벌기 위해 생긴 일 중독은 부수적으로 얻어진 좋기도 하고 나쁘기도 한 선물이다.

유년기의 불안을 치유함으로 변한 엄마

딸의 결혼을 반대하는 이유는 분명해졌다. 객관적 조건에 의해 예상되는 경제적 불안이 아니라, 그녀의 내면에 어린 시절부터 있었던 불안이 딸에게 투영됐기 때문이다. 결혼 초의 자신의 남편이 말단 공무원이었던 것처럼, 딸의 남자친구는 공기업 말단 직원이다. 그때에 자신이 경제적 위기를 느낀 것처럼 딸도 결혼하면 그렇게 될 것이다. 그녀가 자식을 낳으면 어떻게 키울 것인가 걱정한 것처럼, 딸도 자식을 낳으면 그렇게 될 거다. 자신이 억척같이 돈을 벌기 위해 고생한 것처럼 딸도 그럴 거다.

이 모든 문제는 돈으로 해결된다. 그래서 딸이 원한 남성과 결혼을 반대했고, 돈 잘 버는 고소득 전문직업인을 소개해준 것이다. 과거에 자신이 가졌던 희망을 딸에게 제공하고 싶었던 것이다.

물론 딸의 사정은 다르다. 딸은 어린 시절에 엄마처럼 불안하지 않았다. 세상과 미래를 두려워하면서 크지도 않았다. 안정된 직업도 있다. 남자친구도 안정된 직장을 가지고 있다. 둘이 합하여 기반을 잡는 일은 시간문제이다. 이런 합리적인 생각을 가지고 있었는데, 그만 엄마의 한마디 말에 엄마의 불안을 제 것으로 만들어 마음이 흔들린 것이다.

우리는 엄마의 삶에 있었던 많은 에피소드들을 이야기했다. 그녀는 유년기 자신의 불안이 어떻게 세상에 대한 두려움이 됐는지, 그리고 돈은 자신에게 어떤 의미였는지를 많은 연상을 통해 깨달았다. 그러던 어느 날에는 소스라치게 놀랐다. 자신이 좋은 사람이라며 딸에게 소개해준 남자들이 다 돈으로 사람을 평가하는 '돈 인격자'들로 보였기 때문이다. 자기처럼 말이다.

그런 남자에게 딸을 시집보낸다면? 사위는 딸을 '돈 인격'으로 볼 것이다. 그녀가 사람들을 그렇게 본 것처럼. 그런 남편과 소통이 안 되는 딸은 외로울 거다. 마치 나와 전혀 다른 인격을 가지고 있으면서 나에게 맞추려 애쓰는 남편처럼. 그날 그녀는 상담을 마치고 돌아가면서 딸의 이전 남자친구를 꼭 만나보고 싶다고 했다. 남녀가 1년 이상 만나서 편하다면 서로 통하는 부분이 있는 건데, 그 말을 단칼에 무시한 자신의 편견을 뉘우쳤다. 엄마가 치유된 거다. 변한 거다.

'돈 냄새'에 흔들리지 않는 법

앞에서도 언급했던, IT 업계에 종사하다 갑자기 부자가 된 부부에 대해 몇 가지 더 이야기해보자. 그 부부에게 갑자기 친정식구, 시집식구, 심지어 평소 친하게 지내지 않던 친구들까지 끼어들어 귀찮게 하기 시작했다. 아내는 그들이 돈 냄새를 맡고 달려드는 벌레처럼 보였다고 했다. 그리고 부부관계는 예전에 적은 돈을 아껴 쓰던 때만 못하다고 했다. 물론 돈맛을 포기할 생각은 없다. 그러나 돈이 가족 간의 따뜻한 인간성을 좀먹고 들어오는 것은 어쩔 수 없다고 했다.

돈은 매머드와 같은 것이어서 일체의 것을 빨아들이는 힘이 있다. 돈에 관한 한 분명한 철학이 있어야 인생 전체가 행복하다. 나는 연봉 3,000만 원으로 행복한 사람을 보았고, 연봉 3억으로 불행한 사람도 보았다. 연봉 3억으로 행복하게 살면 금상첨화라고 말하는 사람들이 있다. 그렇다. 그러나 금상첨화가 되려면 돈의 액수만큼 견고한 '돈 철학'이 있어야 한다. 돈은 쌓이면 쌓일수록 이전의 '행복 철학'을 불행으로 만들어버리는 마법을 가지고 있다는 점을 잘 알고 대처해야 한다.

인류의 고전인 성경은 돈(맘몬)을 신으로 모시는 것을 일만 악의 근원이라고 했다. 이스라엘은 돈에 대한 매우 현실적인 명언을 가지고 있다. "돈을 너무 가까이 하지 마라, 돈에 눈이 먼다. 돈을 너무 멀리 하지 마라, 처자식이 천대 받는다." ⚜

엄마 마음 내려놓기

· '엄마'라는 부담을 덜어내야 행복을 찾는다

선문답만 하는 아들

딸에게 '빼앗긴다', 느껴질 때

엄마의 기대를 저버린 둘째

이해할 수 없는 딸의 재혼

선문답만 하는 아들

의무감으로 포장한
보상욕구에서 벗어나기

"우리 아이는 여러 사람 앞에만 서면 얼음이 돼요. 제 생각을 표현 못 해요. 아들이 과학고등학교를 진학하기 위한 면접 학원을 다녔는데, 그때 담당 선생이 한 말이에요. 그 말이 맞아요. 아들과 함께 식당이나 마트, 백화점에 옷을 사러 가면 내 돈 주고 내 권리를 행사하는 것인데도 아들은 의사 표현을 제대로 못 해요."

자녀는 아들 위로 누나 한 명, 아래로 여동생 한 명이다. 엄마는 아들 사랑을 딸들이 눈치 못 채게 하려고 노력했는데, 이제 와서 딸들이 하는 말이다. "엄마는 남동생(혹은 오빠)만 챙겨요.

그래서 남동생이 저렇게 되었어요."

딸들은 재수하지 않고, 한 번에 원하는 대학에 입학했다. 그러나 엄마는 딸들의 실력보다 한 단계 눈이 높았기에, 딸들이 입학한 대학이 눈에 안 찼다. 아들도 자신이 가려는 대학에 한 번에 합격했다. 그러나 엄마는 그보다 더 나은 대학을 원했다. 딸들이야 그냥 통과했는데, 아들은 아들이기 때문에 안 된다. 아들은 합격한 대학을 그냥 다니겠다는데, 엄마는 아들의 인생을 걱정하는 표정으로 말했다.

"그건 네 실력이 아니지. 넌 머리는 좋은데 노력이 2% 부족해. 2%를 끌어올려 봐. 몇 단계 위의 대학도 들어갈 수 있을 거야."

아들은 1년 더 공부한다는 것이 까마득하게 느껴졌다. 공부에 야망이 있는 것도, 남다른 욕심이 있는 것도 아니다. 아들은 '1년 더'에 자신이 없었다. 초등 6년과 중고등 6년, 12년 노력해서 들어간 대학이다. 1년 더 한다고 성적이 오를 것 같지 않았다. 아들이 재수를 못 한다고 하자, 엄마는 아들을 따로 불러 긴 시간을 닦달했다.

"긴 인생에 비하면 1년은 짧다. 1년 더 해라. '1년 더'가 너의 인생에서 '10년 더'가 된다. 이 엄마의 말을 안 들으면 틀림없이 후회한다."

아들에게 1년은 길다. 엄마가 원하는 그 대학이 장래의 보증

수표도 아니다. 아들은 그동안 엄마가 자신에게 기대하고 쏟은 것을 생각하여 까짓 거 '1년 더' 해주기로 했다. 그러나 엄마가 원하는 대학에 들어가지 못했다. 엄마는 삼수를 원했고, 아들도 오기가 생겨 삼수를 결행했다. 그런데 공부에 전념하기가 싫어졌다. 자기 것을 누구에게 빼앗긴 기분이 들기 시작했다. 열심히 해서 원하는 대학에 가야 뭐하나, 난 또 빼앗길 것을, 이런 생각이 속에서부터 올라오면서 공부를 피했다.

아들의 수동적인 반항

아들은 종종 학원을 빠졌다. 집에 들어오면 컴퓨터 게임만 한다. 엄마가 잔소리를 하면 집을 나가는데, PC방에 가는 것 같다. 엄마는 대한민국 PC방이 모두 문을 닫았으면 좋겠다고 했다. 엄마를 걱정시킨 더 안 좋은 상황은 엄마가 묻는 말에 아들은 엉뚱한 대답을 한다는 것이었다. 처음에는 대수롭지 않게 생각했지만 선문답 같은 대답이 계속되자 엄마는 불안을 느꼈다. 아들이 정신병에 걸리는 것은 아닌가 하고.

"너 요즘 공부는 제대로 하고 있니?"

"엄마, 배고파요."

"컴퓨터 게임 그만 좀 해라."

"엄마, 잠깐 나갔다 올게요."

"너 요즘 힘이 없어 보인다. 무슨 일이 있니?"

"엄마는 오늘 뭐하세요."

이런 식이다. 아들의 마음속에는 이런 저항이 있었다. '엄마하고 말 섞고 싶지 않아, 내 일에 신경 쓰지 마, 내 일은 내가 알아서 해.'

대놓고 이렇게 말하고 싶었을 거다. "엄마, 이제는 저의 자기결정권을 존중해주세요. 제 일은 제가 알아서 합니다."

아들은 엄마가 잘해주신 것을 보은이라도 하듯 살아왔기에, 엄마 앞에서 자기 뜻을 당당히 말하지도 못했다. 그저 수동적 저항만 할 뿐이다. 수동적인 저항, 수동적인 공격성, 이것은 여타의 인간관계를 피상적으로 만든다. 대놓고 말하면 협상이 쉽지만, 진실을 숨기는 수동적인 공격성은 협상마저 힘들게 한다. 아들은 자신의 진실을 엄마에게 은폐하고 있었다. 엄마는 아들이 이상해진다고만 했지, 아들이 자신에게 수동적으로 공격하고 있다는 사실은 몰랐다.

남을 위해 살아온 엄마에게 찾아온 병

아들은 왜 적극 대항하지 못하나? 엄마가 아플까봐 걱정이 돼서다. 과학고 입시를 앞둔 중학교 3학년 때 있었던 일이다. 아들은 거의 매일 PC방을 갔다. 엄마의 목소리는 높아졌고, 고분고

분하던 아들은 엄마의 잔소리에 맞대응하여 처음으로 큰 소리를 질렀다. 전에 없던 아들의 태도에 놀라서 엄마는 쓰러지셨고, 119 구조대의 도움으로 응급실로 직행했다. 병원에 한 3일 동안 입원했다. 그때에 가족 모두는 엄마의 빈자리로 3일 동안의 불편을 겪었고, 아들은 결심했다. "다시는 엄마와 싸우지 말아야겠다."

이후로 아들은 엄마의 말에 즉각적인 대답을 피했다. 즉답은 적극적인 공격성이 되므로 엄마가 또 쓰러지실지 모른다. 불편한 말에는 대응을 안 하기로 한 것이다. 그렇다고 엄마의 말을 그대로 따르는 것은 아니다. 말하자면 수동 공격을 사용한 것이다.

아들은 엄마가 원하는 과학고도, 대학도 들어가지 못했다. 요즘 아들의 태도를 보면 겁이 난다. 엄마의 잔소리에 예의는 차리는데, 결국은 자기가 하고 싶은 대로 한다. 아들이 하는 것은 거의 엄마의 뜻과는 다른 것이다. 아들의 마음은 이미 멀리 떠나 있었다. 대학을 포기한 것 같았다.

부인은 남편에게 전심전력을 다하여 나름 직장생활에서 성공시켰다. 그러나 남편 성공의 달콤한 꿀사과는 결국 남편의 것이다. 부인은 남편의 성공이 곧 나의 성공이려니 믿어온 것을 후회했다. 높은 연봉을 받고 경제적 걱정에 메일 필요는 없지만 그게 전부다. 남편은 갈수록 더 바빠지고 그럴수록 부부 간의 거리도 멀어졌다. 집착하고 기대했던 아들도 결국은 엄마 뜻대로 되지 않았다. 그녀는 외롭고 공허하게 한 3~4년을 보냈다.

그리고 유방암 3기 진단을 받고 수술을 받았다. 근 한 달 동안 병원에 있으면서, 내가 정말 잘 살아온 것인지 많은 생각을 했다. 퇴원하면서 자기암시를 하듯 중얼거렸다. "다시는 남편과 자식들만 위하여 살지 않겠다."

엄마는 자신이 암에 걸린 것은 내 삶은 없고 오로지 남편과 자식들만을 위해 살아온 것에 대한 몸의 반란으로 이해하고 있었다. 생각이 몸에 반응하는 것은 정직하다. 다른 사람을 위하여 사는 사람은 제 욕구를 무의식에 억압하고 억압한 것을 풀지 않으면 신체에 병이 깃든다.

억압이 몸의 반응으로 온다는 것은 굳이 현대 의학을 말하지 않아도 100여 년 전에 프로이트가 이미 한 말이다. 프로이트는 무의식을 정신과 몸의 경계로 보았다. 무의식에 억압한 것이 많고 그것을 풀 기회를 안 주면, 억압된 것은 몸으로 돌아와 신체적 증상을 만든다. 그것을 '신체화(정신적 갈등이 신체적 반응으로 나타나는 것)'somatization라고 한다.

퇴원하는 날이 되자 엄마는 남편과 자식을 다 털어낸 홀가분한 기분이 들었다. 이제부터는 나를 위로하고 내가 즐거워하는 일을 하면서 즐겁게 살 수 있을 거라고 확신했다. 그러나 엄마의 결심에 제동이 걸렸다.

'이제부터는 나를 위하여 살아야 한다. 그런데 구체적으로 나를 위해 산다는 것은 무엇을 어떻게 하는 것인가?' 마음은 앞섰지만, 반평생을 타인을 위해 살아온 삶의 자세가 하루아침에 바뀌는 것은 절대 아니다. 병원에서 퇴원하여 집에 들어온 그 순간부터, 병원에서 집까지 1시간도 채 안 되는 사이에 엄마는 이전의 상태로 돌아왔다.

"도대체 나를 위하여 산다는 것이 어떤 것인지 모르겠어요. 자식과 남편에게 심리적 거리를 둔다고 생각하자 더 외로워지는 거 있죠. 그래도 되는지요?"

의무감 뒤에 숨겨진 보상심리의 정체

그렇게 갈팡질팡, 이전처럼 집착하다 다시 떼어놓고를 반복하다가 스트레스만 더 받았다. 그래서 상담실을 찾았다.

"도대체 부인의 삶에 제동을 거는 게 무엇인가요?"

"지금은 아들입니다. 아들이 대학만 들어가면 저의 의무는 끝입니다. 그 후부터는 정말이지 마이웨이my way로 살 겁니다."

"의무가 끝이라고요. 지금까지 의무감으로만 살아오셨나요?"

"아…… 그렇게 되는 건가요. 당연한 것 아니에요. 모든 엄마들이 다 의무감으로."

우리는 그녀의 의무감에 대한 이야기를 나누었다. 그녀에게 엄마 혹은 아내의 역할은 의무감이지 즐거움은 아니었다. 즐거워하는 것은 의무를 소홀히 하는 엄마 혹은 아내로서 역할을 다하지 못하는 직무유기였다. 즐거운 일이 생기면 그 일을 누리기도 전에, 또 다시 해야 할 일을 설정해야 했다. 엄마는 자식을 끌어주는 자여야 했다.

　"아들의 재수도 아들이 아닌 어머니의 뜻이라 하셨죠?"

　"아들도 동의했습니다. 그래서 삼수를 하고 있고요."

　"……아들이 ○○대학교만 들어가면 엄마는 의무가 끝이라고 생각하시는군요. 정말 그럴까요?"

　"그럴 거라 생각해요."

　"의무가 끝이면 그때부터 무엇을 하시겠어요?"

　"제가 좋아하는 것을 할 겁니다. 친구들과 여행을 하겠어요. 사진 찍는 걸 배우고 싶어요. 결혼 전에는 작품전까지 열려다 그만 둔 적이 있었어요. 학창시절 읽지 못한 고전도 읽고 싶어요. 산티아고 순례도 가고 싶어요."

　하고 싶은 것은 많은데, 지금 하면 안 된다. 엄마로서의 의무감이 마음속을 떠나지 않기 때문이다. 의무감은 너를 위한 것이지 나를 위한 것은 아니다. 부모에게는 자녀를 양육할 의무가 있다.

그러나 모든 부모가 그것을 의무로만 생각하는 것은 아니다. 그 일 자체의 즐거움이 있다. 또한 모든 부모가 자녀만을 위해서 사는 것은 아니다. 그렇게 사는 부모가 있다면 그 부모는 물론이고, 자녀들도 불행해진다.

그런데 어린 시절에 마땅한 대우를 받지 못한 엄마들은 자식에 대한 과잉 의무감을 키운다. 나는 그런 보살핌을 받지 못 해서 이렇게 산다, 나는 너에게 필요한 모든 것을 해주겠다, 너는 나처럼 살아서는 안 된다. 의무감 뒤에는 보상심리가 도사리고 있다. 사람이 어떤 일을 하면서 그 일에 대한 보상이 목적이라면, 일 자체에 대한 즐거움은 감소하거나 없어진다. 보상만이 목적이라면 그 밖의 다른 아름다운 것들은 다 놓친다.

이 엄마, 자식을 원하는 대학에 입학시켜 놓고 자신이 배우지 못한 한을 풀려는 계산이 깔려 있었다. 무의식적 보상 욕구가 의식적으로 듣기 좋은 의무감으로 바뀐 것이다. 자녀를 양육하는 일이 누구에게나 힘든 일이지만, 그녀는 몸에 암이 침투할 정도로 더 힘들게 느껴질 수밖에 없었다. 과정의 즐거움은 없고 저 멀리 목표만 있었기 때문이다.

가령 아들이 5등을 했다고 하자. 감사보다는 더 세게 밀어붙여 3등짜리 아들을 만들어야 한다. 경시대회에 금상을 받았다. 칭찬은 긴장을 늦추는 것이니, 더 밀어붙여 대상을 받게 만들어야 한다. 대상을 받았다고 하자. 그 실력을 유지하기 위해 남들보다 더 열심히 노력하라고 다그쳐야 했다. 그런 엄마에게 아들이 학원을 빠지고 PC방에서 황금시간을 낭비하는 일은 절대 있을 수 없는 일이다. 그러나 지금은 아들에게 아무리 말해야 쇠귀에 경 읽기이다. 아들에 대한 의무감으로 포장한 무의식적 보상 욕구로 모자는 함께 병들어가고 있었다.

엄마와 아들 모두 서로를 위한 독립이 필요하다

아들이 엄마가 원하는 대학에 들어갔다고 하자. 자식은 대학 입학과 동시에 사돈이 된다는 말도 있는데, 보상의 낭만은 애초부터 있지도 않았음을 알게 될 것이다.

어떤 엄마가 두 명의 대학생 자식들과 제주도 여행을 하고 나서 한 말이다. "엄마를 일꾼으로 아는가 봐요. 아무것도 안 해요. 여행 중 요구와 짜증은 많고. 다 큰 자식들과 절대 함께 여행 가지 마세요." 우리는 3년이 멀다하고 문화와 가치가 바뀌고 있는 시대에 살고 있다. 그래도 예전의 집단 문화에서는 자식이 부모의 노고에 보상하는 것은 미덕이었고 효자의 본분이었다. 지금은 개인주의 문화로의 급격한 전환기이다. 예전의 낭만을 기대하지 말라. 아직도 자식에 대한 보상을 바라는 분들이 계시다면, 거기서 나오는 것만이 상처받지 않는 최선의 길이다.

아들을 잘 키워, 좋은 처자 만나 결혼시킨 50대 중반의 엄마가 나의 심리학 세미나에 참석한 적이 있다. 아들 내외는 차로 10분 내외의 거리에 살고 있다. 며느리가 손자를 낳았는데, 손자 사랑은 아들 사랑과 비교할 수 없다고 한다. 하지만 아들 내외가 손자를 보여주러 자주 오지를 않는다. 그렇다고 자주 가서 보지는 못 한다. 이유를 물었더니 하는 말이다. "자주 가면 싫어해요. 보고 싶다고 오라 해도 싫어해요. 남편은 버릇 고쳐준다고 아들에게 뭐라 하는데, 그래야 관계만 더 나빠져요. 마음만 애타죠." 그때 세미나에 참석한 분들의 결론이다. "시대가 변했다. 손자가 예쁘면 예쁜 것으로 만족하자. 손자보다 더 예쁜 나만의 일을 만들자. 그래야 노후에 외롭지 않다."

나는 엄마에게 의무감과 보상심리의 상호 관계에 대한 많은 이야기를 해주었다. 그녀는 자식에 대한 의무감을 인정했으나 보상심리는 쉽게 인정하지 않았다. 보상심리를 인정하는 순간 의무의 순수함이 의심받기 때문이다. 무의식에 숨긴 것은 인식되어야만 마음이 편해지고, 잘못된 것들의 실체를 깨닫고 벗어날 수 있다. 자식에게 의무만 있지 권한은 없다고 생각하는 엄마라야 마음이 평화롭다. 보상심리는 마땅히 받을 것은 받아야 한다는 권한 행사이다. 혹 자식이 부모에게 알아서 보상해준다면, 당연한 것이 아닌 감사한 것으로 받으라. 보상하지 않는 것을 당연한 일로 쳐라.

나는 말했다. "시대가 급격하게 개인주의로 흐르고 있습니다. 자식이 엄마와 같은 시간을 살고 있다고 생각한다면 무조건 상처받습니다. 어머니도 자신을 위하여 무엇을 챙기십시오. 그것이 곧 자식을 챙기는 것이기도 합니다. 말하자면 무조건 헌신하는 엄마보다 자신을 계발하고 실현하는 엄마를 신세대는 원합니다."

"어머니가 퇴원 이후 남편과 자식으로부터 벗어나 자기로서의 삶을 살고 싶으셨던 것처럼, 아들은 사춘기 이후 엄마로부터 벗어나 독립적인 삶을 살고 싶은 욕구가 시작되었습니다. 그럴 때마다 엄마의 완고하거나 약해진 모습을 보면서, 심지어 쓰러지셔서 119구조대에 실려 가시는 것을 보고 그 욕구를 보류하였던 겁니다. 아들은 엄마가 자신을 놓아주기를 기다리고 있습니다. 지금 아들의 엉뚱한 언행들은 자신을 놓아달라는 의사표현입니다."

보상의 요구 없이도 함께 지내는 즐거움

보상심리를 의무감으로 위장한 엄마를 깨닫게 하는 방법이 있다. 나는 엄마에게 일주일동안 아들의 일에 아무런 간섭을 해보지 말라고 했다. 그래서 아들이 편안해진 모습을 보면 아들에게 진정으로 필요한 것이 무엇인지 깨달을 것이라 했다. 반면 아들이 불안해하면 아들이 엄마로부터 분리를 못하고 있는 것이니, 아들의 심리치료가 필요하다고 했다. 엄마가 아들의 일에 끼고 싶어서 일주일이 너무 긴 시간이라 힘들었다면, 모자관계 개선의 키는 엄마가 쥐고 있는 것이다.

이 실험 결과 엄마는 힘들었으나, 아들은 무척 편안해했다. 그런데 엄마는 편안해진 아들을 보고 함께 편안하기보다는 아들이 긴장을 놓는다고 불안해했다. 의무감으로 포장한 보상심리가 맞다. 보상심리는 대상이 아닌 자기만족을 추구한다. 혹자는 말한다. 내가 그랬기 때문에 네가 성공한 거야. 보상욕구로 포장된 돌봄을 받아서 성공한 사람이라면, 그 또한 타인을 보상욕구의 대상으로 본다. 결국 삶의 질은 떨어질 수밖에 없다.

인생은 함께하는 것 같으나, 홀로이다. 그 어떤 사람도 자신의 결핍을 보상해주지 않는다. 인생은 홀로인 것 같으나, 함께 사는 것이다. 보상의 요구 없이도 함께 지내는 것 자체의 즐거움을 발견해야 웃을 일도 많다. 엄마들이여, 자식에 대한 보상욕구를 철회하고, 그 에너지로 자신을 챙겨라. 뒷바라지는 능력껏 해야 후회 안 한다. 보상을 바라고 모조리 바치지는 말라. 시대가 급격한 개인주의로 흐르고 있다. 엄마의 치유는 바로 보상욕구를 철회하는 것에서부터 시작된다. 그만큼 어렵지만, 실천만 하면 마음이 평화로워진다. ✾

딸에게 '빼앗긴다' 느껴질 때

죄책감에서 벗어나
당당하게 주장하기

 20대 중반인 딸은 대학원을 다니면서 시간제 근무로 일을 하고 있었다. 그날 아침에 딸은 곱게 화장을 하고 평소 그랬듯이 당연한 목소리로 엄마에게 말했다.

"엄마, 신용카드 좀 주세요. 오늘 백화점 가서 화장품 사야 한단 말이에요."

다른 날 같았으면, 엄마는 카드를 내주면서 말했을 것이다. "꼭 필요한 것만 사라." 그러면 딸은 거의 반사적으로 맞받아친다. "내가 언제 돈을 낭비했다고."

그런데 그날 엄마의 대답은 달랐다. "내 카드를 네 카드처럼 생각하지 마라. 화장품 정도는 네 돈으로 사라." 엄마는 딸에게 신용카드를 주지 않았다. 딸은 엄마의 표정이 예사롭지 않은 것을 보았던지, 이번에는 목소리를 조금 낮추어 말했다. "차 키 주세요. 저 시간 없어요." 엄마는 또 받아쳤다. "내 차를 네 차로 생각하지 마라. 나도 오늘 아침 팀 회의가 있어서 일찍 가봐야 한다."

딸은 수업 시간이 늦었다며, 엄마에게 대들다시피 차 열쇠를 요구했다. 엄마는 들은 척 만 척하며, 구시렁거리는 딸을 등 뒤로 하고 주차장으로 가서 차에 시동을 걸고 가속페달을 밟았다. 엄마는 차 안에서 콧노래를 불렀다. 가슴이 뻥 뚫린 기분이었고, 입가에는 승리의 미소까지 흘렀다.

이혼 후에도 반복된 '빼앗김'이라는 감정

엄마는 남편과 이혼한 후에, 딸에게 늘 미안했다. 아빠 없는 딸로 만든 것, 경제적 어려움으로 하고 싶은 것도 제대로 해주지 못한 것 때문에 미안했다. 아버지가 계셨다면 형편은 더 좋았을 것이다. 나 편하게 살겠다고 어린 딸을 데리고 시집에서 뛰쳐나온 것이 못내 후회되기도 했다. 엄마 혼자 벌어 생활해야 했다. 전 남편이 매달 보내주는 자녀 양육비로는 바이올린을 전공하는 딸의 뒷바라지를 해주기에 턱없이 부족했다. 엄마는 딸에 대한 죄책감을 고스란히 안고 살았다.

그로 인해 엄마는 딸의 요구에는 꼼짝 못했다. 들어줄 수 있으면 다 들어주려 했다. 자신은 값싼 화장품을 쓰고 딸은 피부 관리를 위해 고급 화장품을 쓴다 해도 뭐라 하지 않았다. 자신은 마트에서 싼 옷을 사 입어도, 백화점 옷을 고집하는 딸의 요구를 들어줬다. 자신은 해외는커녕 가까운 국내여행 한 번도 큰 맘먹고 하는데, 딸이 원하는 해외여행은 견문을 넓혀야 한다면 빚을 내서라도 보내줬다.

딸이 대학을 졸업하자, 엄마는 딸이 자립하기를 원했다. 적어도 자기 앞가림은 자기가 할 줄 알았다. 하지만 딸은 더 공부해야 한다며 대학원에 진학했다. 엄마는 공부하겠다는 딸의 의지를 막을 수 없었고, 그 짐은 거의 엄마에게로 돌아왔다.

매달 받는 봉급은 생계비와 딸 교육비 지출로 거의 남는 것이 없었다. 20여 년을 열심히 일했으나 생활의 변화는 없고 빚만 늘어갔다. 가끔 목돈이 생기는 것을 딸은 어떻게 알았는지 기가 막히게 돈 쓸 일을 찾아냈고, 엄마는 딸의 사정 이야기를 듣고는 이 목돈은 너를 위해 생긴 것이라며 흔쾌히 내주었다. 노후대책은 생각도 할 수 없었다. 이러다가 노인이 되면 알몸이 되어 길거리에 내던져지는 것은 아닌가. 나이 50이 지나자 엄마는 은근히 걱정이 되었다. 그러면서 엄마가 드는 감정은 '빼앗김'이었다.

엄마는 빼앗기고 있었다. 엄마가 이혼을 한 것은 자신의 삶이 남편과 시댁에게 빼앗기고 있다는 느낌이 들어서였다. 결혼생활 6년 동안 엄마의 삶은 블랙홀인 남편과 시어머니, 그리고 시집 식구들에 의해 빨려 들어가고 있었다. 워킹 맘으로 가정에 기여하는 바가 컸다. 그러나 버는 족족 블랙홀에 빼앗겼고, 인격 장애가 의심되는 남편에게 정서적 지원은커녕 언어적 폭력을 당했고, 심하면 물리적 폭력도 당했다. 그렇게 사는 것이 당연하다는 식으로 시집 식구들의 부당한 대접을 받았다.

그랬다. 그때에 엄마는 '내 것을 다 빼앗기는 경험'을 했다. 이러다가 내 존재는 바닥으로 치달을 것이고, 나는 상처 난 몸으로 거리로 내쫓겨날 것이다. 이런 불안이 엄습해오면서 엄마는 자신의 삶을 되찾기 위해 이혼을 결심했다.

이제는 딸과 이혼을 해야 할 때

이혼은 여자에게 고통스러운 제도이다. 모성 본능은 딸을 남편에게 맡길 수 없었고, 남편 역시 원하지 않았다. 이혼 이후, 엄마는 딸을 위해 자신의 모든 것을 희생했다. 그때부터는 딸에 의해 자신의 삶이 빼앗기는 것이나 다름없었는데, 그 사실을 잘 몰랐다. 그것이 엄마로서 최선의 도리이고 잘하는 건 줄 알았다. 하긴 부모의 삶이란 한평생 자식을 위한 것이기는 하다.

엄마는 간섭이나 횡포를 받지 않고 자신의 일을 자유롭게 할 수 있다는 데 만족했다. 그것은 곧 자기실현이었다.

그러나 폐경기가 지나면서 엄마의 마음은 많이 약해졌다. 전 남편에게 6년을 빼앗겼다면, 딸에게 20년을 빼앗겼다는 서러움이 가끔 물밀듯이 밀려오곤 했다. 최고는 아니어도 최선을 다했는데, 엄마의 무거운 짐은 저 앞에 자꾸 생긴다. 허탈하다. 과거에 엄마는 전 남편과 싸워 빼앗긴 것을 찾았다. 이제는 딸과 싸워 빼앗긴 것을 찾아야 할 것 같다. 그동안 한 번도 생각해본 적 없는 것들이 다 떠올랐다. 엄마는 비장한 각오를 했다.

"빼앗겼던 것을 되찾으려고 과거에는 남편과 이혼했던 것처럼, 이제는 딸과 이혼을 해야 한다. 나부터 채우고 나서야 딸에게도 필요한 것을 줄 수 있다."

그날, 엄마는 그동안 하고 싶었으나 하지 못한 말을 처음으로 딸에게 한 것이다. 딸 앞에서 당당히 하고 싶은 말을 하겠다고 다짐하니, 이것이 과연 엄마로서 옳은 태도인가 하는 고민이 생겼다. 괜한 죄책감만 떠안거나 딸과의 관계가 나빠지면 어쩌나, 하는 걱정도 있었다. 그러나 뒤로 후퇴할 길은 없었다. 일단 내질러보고 사태를 봐가며 수습하기로 했다.

저지르고 나니, 의외로 마음이 가벼워졌다. 내 말을 딸이 어떻게 생각할는지는 이차적인 문제이다. 가감 없이 자기 의사를 표현한 것만 해도 이렇게 속이 후련할 줄은 몰랐다. 차량 오디오를 틀어놓고 콧노래를 다 불렀다. 엄마의 휴대폰 벨소리가 울렸다. 액정에는 '사랑하는 딸'이라는 이름이 떠올랐다. 엄마는 받지 않았다. 한 번도 없었던 일이다. 그동안 엄마가 딸을 위해 자신의 욕구를 얼마나 억압하며 살아왔는지 알 수 있다.

그날, 엄마는 직장에서 다른 날과는 다르게 사람들 눈치를 안 보고 당당히 근무할 수 있었다고 한다. "이렇게 좋은 것을 나는 왜 그동안 못하고 살았을까?"

나는 말했다. "본래 내 것인 신용카드와 자동차 열쇠를 되찾은 기분이셨군요." 엄마는 대답했다. "본래 내 것을 딸에게 빌려주고 살았어요. 이제는 반환받아야 할 시기입니다."

그렇다. 엄마가 자식에게 쏟은 모성은 때가 되면 반드시 돌려받아야 한다. 그래야 그 자식이 홀로서기하여 또 다른 엄마나 아버지가 될 수 있다. 엄마 또한 자식에게 부었던 모성을 자신에게 투자하여 생의 후반부를 의미 있게 만들어가야 한다.

딸을 모성의 광기에서 떼어놓는 법

모성은 광기와 같다. 대상관계 심리학자 도널드 위니캇에 따르면 엄마는 출산 이후에 몇 주 동안은 광적으로 자식에게 몰입한다고 한다. 이것을 일차적 모성몰두라고 하는데, 모든 핏덩이 자식은 엄마의 이런 광기로 성장했다. 내 관점으로는 모든 엄마가 그 광기를 무의식에 비축했다가 필요한 경우 다시 사용한다. 이 광기는 위기상황에 더욱 빛을 발한다. 갑작스러운 사고에서 자식을 구하는 위대한 본능은 부성의 이성이 아니라 모성의 광기이다.

이혼한 여성은 그동안 잃어버리고 살았던 모성의 광기를 다시 끄집어내 자식에게 사용한다. 혼자 아이를 키워야 하는 위기에 대한 대처방식이다. 어느 정도 위기인 것은 맞다. 그러나 엄마는 서서히 광기를 내려놓아야 한다. 그렇지 않으면 자식은 그런 엄마의 마음을 헤아려 효자가 된다기보다 엄마의 희생을 당연한 것처럼 받아들인다. 모성의 광기에 의존하여 성장을 포기한 어린이가 되는 것이다. 광기는 보통 이상의 많은 에너지를 요구한다. 자식에게 광기를 놓아야 할 때에도 계속 사용한다면, 엄마는 성인이 된 자식에게 뭔가를 빼앗겼다는 느낌을 받는다.

모녀 간에 이런 팽팽한 긴장의 줄이 형성됐다면 어떻게 할 것인가. 우선 엄마는 자신의 말을 당당히 해야 한다. 과거를 되돌아보라. 엄마의 말은 주로 딸의 기분을 살피는 것이었다. 이혼한 죄책감, 잘해주지도 못했다는 죄책감 때문이다. 이혼한 것이 어때서, 잘해주지 못한 것이 어때서, 최선의 노력을 했으면 된건데.

딸의 낭비벽 때문에 신용카드를 내주고 싶지 않으면서도 "좀 아껴 써라" 하면서 내주었다. 직장에서 중요한 미팅에 지각할 수도 있는데 "학생이 수업시간 늦으면 안 되지" 하고 자동차 키를 내주었다. 월말이 되면 어김없이 날아오는 신용카드 사용명세서를 보며, 엄마는 언제나 딸이 철이 들어서 엄마의 주머니 사정을 헤아려주나, 하고 제 속을 긁었다. 어떻게 해야 하나? 엄마는 생각, 생각, 생각으로만 대책을 수립했다. 생각은 하루에도 몇 채의 건물을 짓고 허물고를 반복한다. 아무리 뛰어난 생각이라도 생각은 생각일 뿐이다. 생각은 말로 표현되어야 한다. 말은 행동으로 나타나야 한다. 생각, 말, 행동 이 세 가지는 하나가 되어야 한다.

말은 의사표현을 넘어 존재감의 표현이다. 나는 너와 다르게 존재한다는 자기주장이며 정당한 자기방어이다. 엄마의 당당한 자기주장에 딸의 자기주장이 멈추었다. "어, 엄마도 거절을 다 하시네. 엄마도 나처럼 욕구가 있으셨구나" 했을 것이다.

딸은 엄마의 말이 말로서 끝날 줄 알았다. 늘 그랬듯이. 그러나 신용카드를 안 주는 것은 물론, 자동차 열쇠까지 가지고 가는 것을 보고 엄마가 예전과는 다르다는 것을 느꼈다. 말로는 자식을 변화시킬 수 없다. 아니, 그녀 자신도 변화할 수 없다. 자식 입장에서 '어, 엄마가 이전과는 다르신데……'라고 느끼게 해줘야 자식은 변화를 시작한다.

새로운 인생 설계를 위해 행동하는 용기

행동에는 용기가 필요하다. 예상치 못한 결과가 나올 수도 있다. 그렇다고 행동을 미루면 어떤 기대도 할 수 없다. 행동 없는 현상 유지보다는 차라리 행동하는 실패가 더 낫다. 행동에 대한 책임 때문에 망설인다고 한다. 뭘 걱정인가. 책임지면 되지. 책임 못 질 일을 했으면 사과하거나, 그것으로도 안 되면 그 손해를 입으면 된다. 먼 훗날, 그 손해는 큰 유익이 되어 되돌아온다. 모녀관계에서 행동의 효과도 예외는 아니다.

그날 아침에 일어난 일은 딸의 입장에서 엄마의 단호하고도 큰 변화였다. 다음 날, 딸은 엄마의 깜짝 이벤트를 비웃으며 엄마를 회유할 것이다. 당당해져라. 당신의 딸은 대학원생이다. 사회인이다. 당신의 신용카드와 자동차 키를 아끼라. 돈 귀한 줄 모르는 자식은 고생길이 훤하다. 엄마는 행동의 변화를 점차적으로 늘려가야 한다. 자식은 여기에 서서히 적응해간다.

이 적응과정에서 일어나는 갈등은 양쪽 모두에게 필요하다. 엄마는 딸에게 빼앗긴 것을 다시 찾아 남은 인생을 설계해야 하고, 딸은 엄마에게 빼앗아 충당한 것을 스스로 얻는 방법을 터득해야 한다. 엄마의 변화는 곧 엄마와 딸 모두의 새로운 삶을 그려나가는 분기점이 될 것이다. ✻

엄마의 기대를 저버린 둘째

사랑 에너지를
다른 가족에게도 나눠주기

나이 60이 다 된 여성이 알코올 전
문 병원에 입원했다. 그녀의 눈은 밑으로 처져 있었고, 혼자서
알 수 없는 소리로 중얼거리고 있었다. 양 옆에는 남편과 아들
이 그녀를 부축하고 있었다. 그녀가 폐쇄병동에 입원한 사정은
이랬다.

엄마의 유별난 둘째 사랑

부인은 경제적으로 무능한 남편을 대신하여 돈을 벌려고 작
은 식당을 개업했다. 부인은 타고난 감각으로 새로운 메뉴를 개

발했고, 남다른 추진력으로 그 메뉴를 상품화하는 데 성공했다. 몇 개의 체인 식당을 거느려 웬만한 중소기업 부럽지 않은 사장이 되었다.

부인에게는 두 명의 아들이 있었다. 첫째는 지방대학을 나와 중소기업을 다니고 있었다. 부인은 그를 제 아버지처럼 무능하게 살다가 엄마 식당 사업이나 물려받으려 하는 염치없는 아들로 보았다. 바쁜 엄마를 대신해서 집안일은 물론 식당 일도 돕는 부지런한 아들임에도 불구하고, 엄마는 제 아버지 닮았다 하여 못마땅하게 여기고 있었다.

둘째 아들은 달랐다. 그는 초등학교 때부터 공부를 잘하여 각종 경시대회에서 상을 받아와 엄마를 기쁘게 했다. 그는 특목고를 나와 곧바로 미국의 명문대학에 합격했다. 엄마는 지인들을 불러 합격을 축하하는 잔치를 호텔 뷔페에서 성대하게 열었다. 둘째는 엄마의 대외적 자존감을 올려주는 아들이었다. 둘째만 아들인 것처럼 그에게 온갖 관심을 쏟아 부으며 기대를 가졌다. 남편과의 관계가 데면데면하니, 엄마의 둘째 사랑은 과할 정도였다. 엄마의 사랑을 독차지해서일까? 둘째는 제 것만 챙기는 이기주의자였다. 이것 때문에 아버지와 형에게 꾸지람을 들었지만, 경제적 후원을 받는 둘째의 기는 꺾이지 않았다.

엄마는 아들이 미국의 명문대학 박사학위를 받아 국내에 돌아오기를 학수고대하고 있었다. 마치 그것에 자기 인생을 걸려는 것처럼 말이다. 엄마는 4남 2녀 중 맏이로 태어났는데, 동생들 때문에 학업을 중도에 포기해야 했고, 학력 콤플렉스를 가지고 있었다. 그래서 공부 잘하는 둘째에게 전념한 것이다.

둘째는 엄마의 기대와는 달리 방학 중에도 집에 돌아오지 않는 경우가 많았다. 집에서 잠깐 머무를 때도 엄마에게 따뜻하게 대하지 않았지만, 엄마의 눈에는 둘째의 이기적인 특성이 눈에 들어오지 않았다. 오히려 첫째가 곁에서 엄마를 챙겨줬으나, 엄마에게 첫째의 효심은 눈에 들어오지 않았다.

드디어 아들의 박사학위 논문이 통과되었다. 가족들은 학위 수여식에 참석하기 위해 미국행 항공기를 탔다. 엄마는 이때를 위해 살아온 여인처럼 무척 흥분되어 있었다. 평소에 엄마는 퇴근하고 집에 들어오면 피곤하다는 이유로 말을 잘 안 했다. 그러던 엄마가 미국 가기 며칠 전부터 말이 부쩍 많아졌다. 조증 환자처럼 말이다. 남편과 첫째 아들은 둘째의 박사학위 소식에 그런가 보다 했지만, 엄마는 이 좋은 일에 가족들이 그렇게 무덤덤해서야 되겠느냐며 불평했다. 박사학위 넘쳐나는 대한민국에서 그게 그리 대단한 일이 아니라는 것을 엄마는 잘 모르고 계신 것 같았다.

둘째의 결심을 받아들일 수 없는 엄마

학위 수여식을 마친 다음날이었다. 둘째는 가족이 임시로 기거하는 숙소에 머리가 노란 백인 여성을 데리고 왔다.

"제 여자친구입니다. 학부 때부터 만났어요. 제가 전에 잠깐 말씀드렸잖아요. 일을 얻는 대로 결혼할까 합니다."

엄마는 방치로 머리를 한 대 얻어맞은 기분이었다.

"일이라니?"

"아, 예. 저 한국에 안 가려고요. 미국에서 살려고요. 그 좁은 땅에 갈 필요가 뭐 있겠어요. 여기가 제 전공을 살릴 기회가 더 많아요."

"…… 한국에 안 간다고?"

엄마는 얼굴이 하얗고 머리가 노란 이 낯선 여자가 아들의 아내가 된다는 말에 놀랐으나, 아들이 한국에 돌아가지 않고 미국에 남아 있겠다는 말에 노랑머리 여자는 눈에도 안 들어왔다.

"내가 네 앞길을 준비하고 있는데……"

"어머니, 무슨 말씀을요. 그동안 뒷바라지 해주신 것도 감사한데요. 제 길은 제가 가야지요."

엄마는 진작부터 아들의 교수 자리를 알아보고 다녔다. 이야기는 상당히 진전되고 있었다. 기부금 따위는 문제되지 않는다. 아들이 서울에 소재한 모 대학 교수라고 말하고 싶었다. 서울

소재 대학에 입학하는 것도 힘든데, 서울 소재 대학교의 교수 엄마라는 말이 듣고 싶었다. 그렇게 자신의 모든 고생이 보상받을 거라고 생각했다.

옆에서 이야기를 듣던 남편과 첫째도 예고 없는 통보에 처음에는 놀랐다. 그러나 둘째의 자초지종을 들어본 후에는 그의 결심을 대체로 인정하는 분위기였다. 고교 졸업 후 미국 생활만 어언 10여 년인데 오히려 한국 사회에 적응하기 힘들 것이다. 미국에서 네 뜻을 펼쳐보라고 격려해줄 수 있었다.

엄마는 식당 사장이 종업원에게 하듯이 막무가내로 아들을 설득했고, 재산을 미끼로 위협도 했다. 그러나 아들은 조금도 흔들림이 없었다. 오래전부터 가져온 생각을 지금 당장 한순간에 바꾸라는 엄마에게 오히려 화를 내었다. 그리고 그의 여자친구와 함께 밖으로 나갔다.

엄마는 절대 받아들일 수 없었다. 그녀는 무능하게만 여겨온 남편에게는 무뚝뚝하게 대했고, 아버지 닮았다는 큰아들은 어디다 내세우지 못한다고 부끄러워했다. 둘째 하나에 자신의 인생을 걸었다. 만일 둘째와 줄곧 함께 살았다면 일찌감치 기대를 내려놓았겠지만, 오랜 세월을 떨어져 살았기에 둘째를 더욱 이상화했던 것이다. 엄마 나이 60이다. 20여 년을 바라보고 살아온 아들을 내놓는다는 것은 고문이다. 엄마는 미국에게, 노랑머리

여인에게 아들을 빼앗겼다는 생각이 들었다. 하나만 보고 살아온 사람이 그 하나를 잃었을 때 나타나는 상실감은 실로 크다.

그녀는 실어증에 걸린 사람처럼 말 한마디 없이 쓸쓸히 한국으로 돌아왔다. 그리고 밤낮 술을 옆에 끼고 상실감을 채웠다. 술에서 깰만하면 먹고, 깰만하면 다시 먹었다. 그러고는 둘째에게 협박 메시지를 보냈다.

"허튼 생각 말고 어서 한국으로 돌아와라. 그렇지 않으면 엄마는 알코올 중독자 된다. 죽는다."

'내가 너를 위하여 얼마나 공을 들였는데'라며, 죽겠다고 협박하면 돌아올 줄 알았다. 그러나 둘째는 몇 번의 전화만 했고, 오히려 그런 엄마를 나무랐다. 엄마의 그런 생활이 반년 이상이 지속되자 가족들은 그녀를 알코올 전문 병원에 입원시켰다.

한쪽으로 쏠린 모성은 보상심리를 낳는다

과잉기대는 집착이다. 집착은 심리 에너지를 한 곳으로 모은다. 그 밖의 다른 것은 안 보인다. 집착은 보상을 요구한다. '너에게 쏟아 부은 돈이 얼마인지 아니. 널 위해서 얼마나 많이 기도했다고. 너는 교수가 돼서 엄마의 자랑이 되어야 해.' 집착은 심리 에너지가 다양하게 향하는 것을 차단한다.

집착은 실제에 덧붙여진 상상의 자료들을 동원한다. 국어 받아쓰기 100점을 세 번 받았다면, 국어에 소질이 많은 내 아이가 된다. 수학 경시대회 나가서 대상을 한 번 받았다면, 내 아이는 수학 천재가 된다. 대학에서 학점을 올 A로 한 번 받았다면, 내 아이는 대학 교수감이다. 이렇게 해서 기대를 빙자한 집착이 형성된다. 사람의 마음 에너지가 한쪽으로 몰입되면 그만큼 다른 곳으로 갈 에너지는 감소된다. 둘째 아들에게 에너지 몰입을 했으니 남편과 첫째 아들을 제대로 볼 수가 없었다. 두 부자가 그녀를 잘 도왔음에도 불구하고 둘째 아들만 못한 존재가 되어버린 것이다.

갑작스러운 집착대상의 상실, 보상은커녕 빼앗겼다는 느낌, 그것은 이루 말할 수 없는 상실감을 몰고 온다. 실어증이 이를 말해주고 있다.

인간의 모든 행동에는 보상심리가 작용한다. 가족이라고 예외는 아니다. 엄마는 유아에게 헌신함으로 모성을 베푸는 만족을 얻는다. 핏덩이 유아를 꼭 안고 있는 모성의 만족, 그것 때문에 유아는 산다. 그 자식이 크면 엄마의 보상심리는 더욱 구체화된다. 대한민국에서는 좋은 성적과 좋은 대학, 그리고 좋은 직장이 보상의 거의 대부분이다. 이 세 가지 보상을 확보했다가 잃은 엄마의 좌절은 술이 아니면 채워줄 수 없었다.

낳은 자식에게 집착하는 모성 본능은 아이가 클수록 점점 내려놓아야 한다. 그리고 사춘기가 되면 최소한의 모성 본능만 유지하고 잉여 에너지는 자신을 돌보는 데에 사용해야 엄마도, 자식도 산다.

엄마는 아들이 고등학교만 마치고 미국 유학을 원할 때부터 알아봤어야 했다. '쟤는 떠날 자식이다. 부모의 역할은 뒷바라지만이다' 이렇게 정리를 해야 할 것을, 엄마에게 드릴 큰 선물을 준비하러 간 아들로 생각한 것이 문제였다. 물론 이런 상상은 아들과 상의한 것이 아니라, 엄마 혼자만의 상상력에 기인한 것이다. 엄마가 입버릇처럼 말한, 남편과 큰아들이 신통치 못해서가 아니다. 한 사람에게만 전념하니 그 밖의 다른 존재가 보이지 않았을 뿐이다.

공정하게 분배된 사랑이 엄마를 치유한다

둘째 아들이 미국 가는 날, 공항까지 배웅해주고 돌아온 엄마는 생각을 바꿔야 했다.

'둘째의 인생은 그만의 것이다. 그가 조기 유학을 자원한 것은, 이후 그의 인생 여정에 대한 복선이다. 그는 나를 떠날 아들이다. 아니, 내 품에서 충분히 양육되었으니, 보다 넓은 세상으로 나가 자기를 실현하고 세상에 기여할 것이다. 사랑하는 아들, 잘 가. 엄마는 엄마의 삶으로 돌아갈 거다. 이제부터는 네 아버지와 네 형과 더 많은 시간을 가져야 해. 하늘은 그러라고 너를 일찍 미국으로 떠나게 한 거야. 이 엄마가 깨닫지 못한 편애를 깨달으라고.'

상담 중에 내담자들이 꼭 하는 말이 있다. "이제야 깨닫다니 너무 늦었어요. 좀 더 일찍 알았더라면, 지금의 저는 아니었을 텐데요." 내가 하는 말이다. "아니요. 모든 것은 때가 있습니다. 후회하는 바로 지금이 치유와 성장의 적기입니다."

늦었다고 생각한 때가 가장 빠른 때라는 말은 내면세계에도 적용된다. 그동안은 준비 기간이었다. 나는 알코올 병원에서 일하는 상담사에게 이 사례에 대한 분석과 상담의 과정을 자세하게 전수하면서 다음과 같이 말했다.

"떠난 아들에 대한 기대를 포기하라고 말하는 것은 별 효과가 없습니다. 둘째 아들을 떠나보낸 것에 대한 애도가 있어야 합니다. 그에 대한 많은 기억을 말하게 하세요. 말하면서 자신이 가진 현실적 기대와 상상적 기대를 구분하게 될 것입니다. 남편과 첫째 아들을 재발견할 수 있도록 도우세요. 그들이 가지고 있는 좋은 점들, 지금까지 자신을 어떻게 도와왔는지 말하게 하세요. 상실감은 서서히 극복합니다. 가르치거나 주입하지 마세요. 그녀가 스스로 깨달을 때까지 징검다리 역할만 해주세요."

엄마는 서서히 마음의 안정을 회복하면서 폐쇄병동에서 개방

병동으로 옮겼다. 가족 면회가 있는 날, 담당 상담사는 자연스럽게 그 자리에 함께했다. 그때에 엄마는 큰아들의 손을 붙잡더니 한동안 물끄러미 바라보았다. "아들아, 미안하다." 엄마의 눈에 눈물이 고였다. 한참 만에 아들의 눈에도 눈물이 고였다. 둘 사이에 더 이상의 말은 필요 없었다.

그녀는 회사 부하 직원처럼 대하던 남편을 눈물 고인 눈으로 바라보았다. "여보, 제가 너무 교만했어요." 그녀는 아랫입술을 꽉 깨물었다. 그리고 남편의 손도 잡았다. 남편은 얼른 손의 방향을 바꾸어 아내의 손을 잡아주었다. 상담사까지 포함하여 넷은 흐느꼈다.

사람의 심리 에너지가 일방으로 흐르면, 반드시 그 대가를 지불한다. 모성은 편견도 심하다. 그래서 어느 하나에 사활을 거는 중독의 특징도 있다는 점을 명심하라. 공정히 분배되어야 한다. 그리고 분배된 모성은 서서히 자신에게 되돌아와야 한다. ✸

이해할 수 없는 딸의 재혼

돈 그 이상의
가치관으로 행복 찾기

　　　　　　　　딸에게 전화가 왔다.

"저희 엄마가 암 수술을 받으신 후에 더 이상해졌어요. 심리치료가 필요한 것 같아요."

"어머니 연세가 어떻게 되시나요?"

"63세입니다."

"그 연세시면 상담도 받지 않으려 할 겁니다. 받아도 한두 번 정도. 증상이 심하시면 약물요법을 권합니다."

딸은 엄마의 성격이 약물로 될 것이 아니라고 했다. 그리고 모녀의 불편한 관계를 연발총처럼 한 시간 가량 발사했다. 무슨 일이 있어도 엄마에게 다만 몇 회기의 상담이라도 받게 해드리고 싶다고 했다.

생로병사를 받아들이지 못하는 엄마

이렇게 해서, 아직 할머니라 하기에는 이른 내담자가 상담실을 찾았다. 그 분이 얼굴은 어두워 보였다. 암 수술 때문이라 하는데, 그것만은 아니었다. 초기에 발견됐고 수술도 잘 됐다. 그런데 본인은 죽을병에 걸렸고, 곧 재발할지 모른다는 막연한 불안을 가지고 있었다. 의사의 말에 의하면 재발할 확률은 거의 없다는데도 말이다.

"이 나이 되도록 잔병은 앓았어도 출산 외에는 입원 한 번 안 했어요. 건강관리를 잘해온 거죠. 암 진단을 받자, 그동안 건강을 지키려고 열심히 운동하고, 건강음식 챙겨 먹던 것이 다 허무해졌어요. 암이나 걸리려고 건강관리를 해왔단 말인가. 보름 간의 입원 기간은 교도소 같았어요. 병원에 문병은 여러 번 갔었지만, 막상 제가 환자가 되고 보니 답답해 죽을 지경이었어요. 내가 암 병동에 입원하고 있다는 것 자체가 부끄러웠어요. 문병 오는 지인들이 격려한다고 한 마디씩 하고 가는데, 왠지 비아냥 거리는 것 같아 듣기 괴로웠어요. 전 이제 몸에 칼자국을 댄 사람이 돼 버렸어요. 제 건강의 절반은 망쳐버린 셈이에요."

나는 이 엄살쟁이 여인에게 속으로 이렇게 묻고 있었다.

'그 나이에 암에 걸린 것이 어때서요? 더 적은 나이에도 암에 걸리는 분이 얼마나 많은데요? 초기에 발견되었고 수술도 잘 되셨다면서요? 의사는 항상 재발 가능성에 무게를 두는 경고성 주의를 주는데, 재발 확률이 거의 없다면서요? 병원에 입원하는 게 어때서요? 그게 죄라도 짓는 건가요? 지인들의 병문을 감사로 받으면 안 되나요? 그 나이 되어서 몸에 칼자국 한 번 안 댄 사람이 얼마나 된다고요?'

'이 분이 힘든 것은 암 수술 때문이 아니야. 틀림없이 욕심이 많으실 거야. 내 몸이라고 내 마음대로 할 수 있다는 욕심 말이야.'

나이가 들어 자연스럽게 찾아올 병에 대해 지나친 염려를 하면, 그래서 과도한 질병 예방 대책을 강구한다면, 그 병이 찾아왔을 때 더 맞아들이기 힘들어진다. 인간의 생명뿐만 아니라 모든 신체 기관도 연수가 있어 고장이 난다는 사실을 받아들이는 것이야말로 내 몸에 대한 최대의 겸손이다. 생로병사는 고통이 아니라 축복이다. 이 땅에서 병에 안 걸리고 영원히 사는 일은 정말 끔찍한 일이다.

자기심리학자 하인즈 코헛은 유아적 자기애와 성숙한 자기애를 구별했다. 전자는 오직 자기를 위해 타인을 이용하므로 자기를 만족시켜주는 타인을 항상 필요로 한다. 후자는 타인과 사랑을 주고받을 수 있고, 자기를 만족시키는 능력이 자기 안에도 있다. 전자는 자기가 완벽하다는 환상에 사로잡혀 있고, 후자는 자신의 한계를 받아들인다. 전자는 조금만 아파도 엄살이 심하고, 후자는 육체의 한계를 받아들인다.

노인이 돼서도 육체의 한계를 부정하고 청년처럼 살고 싶어 하는 것은 젊게 사는 것이 아니라 유아적 자기애로 고착하는 것이다. 성숙한 자기애를 가지고 있는 사람은 자기의 육체도 사랑하지만 그 육체에 한계가 있다는 것을 인정한다. 성숙한 자기애는 생로병사를 축복으로 받아들일 수 있다.

돈에 대한 집착으로 불안한 엄마

"남자 나이 60대 중반이면 아직도 일할 나이에요. 그런데 남편은 일을 너무 빨리 놓았어요. 앞으로 평균 나이 90대를 산다고 하잖아요. 그때를 생각하면 불안해요. 벌이가 없으면 사람이 위축돼요. 그래서 가진 돈을 최대한 절약해야 하는데, 남편은 그렇지가 않아요. 먹고 싶은 것, 가고 싶은 곳, 이런 것들을 너무 편하게 누리는 것 같아요. 그렇다고 우리가 아주 없는 것은 아니에요. 두 명의 아이들에게 유학 다 시켰죠. 집 한 채씩 사 주었지. 지금도 부동산이 있어 고정적으로 월세가 나오긴 해요. 연금도 좀 나와요. 그런데 불안해요. 언젠가는 중단될 것 같아요. 그래도 주변에 있는 다른 노인들에 비하면 상황은 좋은 편인데 말이에요."

고정 월세가 나오는 부동산에다 연금도 있는데 노후 돈 걱정을 다 한다. 돈 걱정은 돈이 없어서라기보다는 욕심에서 나온다. 나는 속으로 이렇게 말하고 있었다.

'대한민국 사회에서, 아니 세계 어느 나라에 가도, 노후에 그 정도면 중산층 이상입니다. 자식에게 교육의 의무 다하셨고, 집도 한 채씩 사 주셨잖아요. 월세 나오는 부동산이 있고, 연금도 나온다니, 이 땅의 모든 중년들이 원하는 노후의 로망을 이루셨어요. 돌아가실 때까지, 돈이 없어 못할 것은 없잖아요. 그런데 무슨 돈 걱정을 한단 말이에요. 당신이 돈이 없어 불안하다면, 대한민국 노인의 80% 이상은 범 불안장애에 걸려야 한단 말인가요. 노후의 생활대책이 불안한 것이 아니라 더 벌지 못하여 불안한 겁니다. 부인이 지금까지 돈에 대해 어떤 가치관을 가지고 살아왔는지 알 수 있을 것 같아요. 욕심쟁이셨지요?'

나는 딸이 엄마 상담을 요청하면서 한 말이 생각났다. "저희 부모님은 장사로 돈을 버신 분이에요. 모든 것의 가치 기준이 돈이에요. 자식들 결혼 상대의 첫째 조건도 돈이었어요. 심지어 학창 시절에는 친구들의 경제사정도 유도질문으로 물어보셨어요. 그래서 가난한 집 자식이면 깊이 사귀지 말라 하셨을 정도에요."

돈에 집착이 많은 사람들은 자기보다 돈을 더 사랑한다. 그들은 돈을 위해 자기를 희생한다. 그들은 돈을 은행에 차곡차곡 쌓아두어 은행을 부자로 만들어준다. 이들에게 돈은 곧 자기이다. 돈과 자기가 동일시된다. 달리 말하면 자기의 욕망을 돈에 투사한다. "돈이면 만사 OK"의 속물근성이 나온다.

돈이 많은 분들은 돈 때문에 자기를 사랑하는 방법을 모르기도 한다. 40대 초반에 남편과 사별하여 꽤 많은 유산을 물려받은 지인이 있다. 그 분은 3남매를 잘 키워야 한다는 강박관념 때문에 자식들 외에는 어떤 곳에도 돈을 쓰지 않았다. 재산은 점점 불어나는데, 이상하게 돈 걱정도 함께 불었다. 그 분은 자신을 위해서는 보약 한 재 사 먹는 것도 손을 떨었다. 나이는 60대 후반인데, 벌써 온 몸에 아프지 않은 곳이 없다. 유모차를 끌고 가까운 곳이나 겨우 외출을 할 정도이다. 몸 관리를 너무 안 했기 때문이다. 주변에서는 "돈 싸들고 죽을 사람"이라 한다. 돈을 자기보다 더 사랑한 사람이다.

성숙한 자기애는 돈 쓰는 법을 안다

유아적 자기애를 가진 사람의 욕구가 돈에 투사되면, 돈이 곧 자기가 된다. 모든 가치의 기준은 돈이다. 그들은 돈이야말로 자기애를 지켜주는 것으로 인식한다. 돈을 벌지 못하거나 수입이 줄어들면, 자기애도 서서히 무너져내린다고 불안해한다.

반면 성숙한 자기애는 돈을 자기애의 수단으로 사용한다. 그들은 자기와 타인을 위해 돈을 사용할 줄 안다. 돈을 능가하는 가치관을 가진다. 보다 이상적인 사랑의 실천을 바라며 돈을 기부할 줄도 안다. 돈이 많지 않지만 성숙한 자기애를 가진 사람은 최소한의 돈으로도 만족하고 불안해하지 않는 방법을 알고 있다. 그들이 돈 때문에 자기애가 실추당하는 일은 별로 없다. 혹 돈 많은 사람이 그를 그렇게 본다 하더라도 그들은 마음의 평정을 잃지 않는다. 돈으로 인생을 측정하는 그들을 불쌍히 여긴다. 성숙한 자기애를 가진 사람의 돈지갑은 닫기 위해 있는 것이 아니라 열기 위해 있다.

고령화 시대에 퇴직을 하고 노인으로 진입한 세대의 대부분은 아마도 돈 걱정을 한다. 장수가 꼭 축복은 아닌 시대에 살아가기 위해서 경제활동은 할 수 있을 때까지 해야겠지만, 그 이후는 가진 돈으로 살아가는 법을 배워야 한다. 이때 필요한 것이 '성숙한 자기애'이다. 내가 나를 사랑한다면, 하늘도 나를 사랑한다. 꼭 필요한 돈은 생긴다는 믿음을 가져야 한다. 생기지 않는다면 거기에 맞게 적응하는 법을 익혀야 한다.

사람이 먼저 나고 돈도 났다. 돈의 목적은 사람들에게 기여하는 것이다. 인간은 지구라는 별에서 서로 유기체적 연결성을 가지고 살아간다. 한 사람이 돈 보따리를 꽉 쥐고 놔주지 않으면 전체가 궁핍해진다. 돈 보따리를 푸는 것은 나와 연결되어 있는 또 다른 나에게 사랑을 베푸는, 곧 자신을 위한 행위이다. 위 부인에게 이렇게 말씀 드리고 싶었다.

'어떻게 돈을 사용할 것인가를 걱정하셔야 합니다. 돈을 더 불려서 불안에서 벗어나려면 불안은 평생 뒤따라 다닙니다.'

딸의 재혼 상대를 돈으로 평가한 엄마

이 분의 딸이 엄마를 상담 의뢰한 진짜 이유는 지금부터이다. 엄마는 주변 이야기, 그러나 절대 주변 이야기만은 아닌 자신과 관련된 이야기를 간접적으로 꺼내면서 핵심을 돌리다가 드디어 모녀 간의 갈등을 말했다.

"걔가 나를 상담 의뢰한 이유는 가족 갈등 때문이에요. 저에게 자식은 딸 하나, 아들 하나인데 둘 다 이혼했어요. 부끄러워서 어디다 말을 못하겠어요. 다들 알고는 있겠죠. 말들을 안 해서 그렇지. 애가 나이 40이 되었는데 철이 없어요. 다섯 살 연하의 남자를 4년 동안 사귀고 있는데, 그만 두래도 말을 안 들어요. 저는 이혼녀고 남자는 총각인데 이루어지겠어요. 집에다 전화해보면 그거 만나려고 늦게 들어오고, 주말마다 함께 있어요. 도대체 생각을 하고 사는 것인지."

마흔 살 딸의 연애관계에 뛰어드는 엄마였다. 이유는 다섯 살 연하 총각이라는 것 때문이다. 그게 걱정이라고 하자. 엄마가 조언 정도는 할 수 있겠지. 관여할 일은 아니다. 오히려 기뻐할 일이다. 이혼 7년째이다. 이혼은 그저 하지 않는다. 그 힘든 과정을 거치고 마음에 상처 입고 헤어진다. 혼자 아이를 키우려고 얼마나 마음고생을 했는지를 생각하면, 오히려 딸에게 벗이 생겨 기뻐해줄 수도 있었을 거다. 다섯 살 연하의 총각이라면 더 기뻐해야 하지 않을까. 뭔가 다른 이유가 있을 거다. 엄마는 말을 이었다.

"수준이 맞지를 않아요. 딸은 엘리트 코스를 밟아서 대기업에서 잘 나가는 사원이고, 총각은 지방대학 졸업해서 중소기업에 다니고 있어요. 도대체 저에게 투자한 돈이 얼만데, 딸의 철없는 행동을 보고 있을 수만은 없어요. 나중에 후회할 일을!"

나는 휴대폰으로 들려오는 딸의 말이 떠올랐다. "엄마는 이혼한 딸의 아픔을 아는지 모르겠어요. 나도 위로가 필요해요. 좋은 사람 선택할 결정이 나에게 있단 말이에요. 저는 부모님처럼 모든 것을 돈으로 매기는 삶을 살고 싶지 않아요."

엄마가 말했다. "얼마 전에 누가 봐도 좋은 사람을 만나게 해주었는데 애가 차 버렸어요. 상대는 몇 번 더 만나보고 싶다던데. 왜 저렇게 생각이 없는지 모르겠어요. 속상해 죽겠어요. 아내와 사별한 종합병원 성형외과 의사였는데. 애 아버지와 저는 사위 될 사람 개인병원 차려줄 계획도 구체적으로 세우고 있었 다고요."

나는 할 말이 막혔다. 아니, 생각이 정지되는 것 같았다. 나이 40 딸을 초등학생으로 생각하시나. 딸의 의사는 묻지 않고 저렇 게 일방적 생각을 할 수 있는 건가. 이것만으로도 엄마가 딸의 생활에 얼마나 깊게 산섭해왔는지 알 수 있었다. 딸의 말이 떠올 랐다. "엄마는 저를 만년 유치원생으로 생각하고 있어요."

돈으로 통제하려는 엄마와 벗어나려는 딸

자존심이 강한 모녀가 외부 전문가의 도움을 받으려 한 직접 적 이유는 전화기 사건이었다. 엄마는 딸의 출퇴근 시간을 체크 하려고 자주 유선 전화를 걸었고, 딸은 거세게 항의했다. 엄마의 태도 변화가 없자 딸은 유선 전화를 끊었다. 엄마는 다시 놓으라 했다. 이유는 외손녀와 전화통화를 하고 싶다는 건데, 딸은 엄 마의 속셈임을 뻔히 알고 있었다. 딸이 거절하자 엄마는 강제로 유선 전화를 신청했고, 그 집 파출부에게 전화기를 보내 단자에 꼽게 했다.

딸은 당장 친정으로 달려갔다. 그간 있었던 부모의 과잉개입에 대해 울분을 토한 후에, 한 3년간 관계를 끊고 살겠다고 소리를 질렀다. 엄마와 변죽이 잘 맞는 아버지는 딸에게 손찌검까지 하며 윽박질렀다. 그날 밤, 아래층 사람의 항의 전화가 온 후에야 집안의 소동은 겨우 조용해졌다.

딸이 상담을 계획한 이유는 객관적 관점에서 잘잘못의 시비를 가리고 싶었기 때문이다. 하지만 엄마는 무조건 "철없는 딸 때문"이라고 불만을 터뜨렸다. 부모는 평생 부모이며, 엄마는 자식이 잘 되기를 바라는 마음에서 조종도 할 수 있다는 것이다. 그러나 자식을 생각해준다는 이런 마음을 들여다보면 사실은 자기를 위한 것도 많다.

딸의 행복을 위해 성형외과 의사를 만나게 해준 것이 아니라, 잘 나가는 성형외과 의사를 사위로 두고 싶었던 것이다. 딸과 사위가 잘 살라고 병원까지 차려줄 생각을 한 것이 아니라, 당신 이름으로 병원 건물을 계약하여 통제하고 싶었던 것이다. 전화기로 딸의 사생활을 원격 조종하듯 말이다. 엄마에게 돈은 권력이고, 당신으로부터 돈의 혜택을 받는 사람은 당신의 통제를 받아야 한다. 딸과 전화 상담 중 한 말이다.

"당분간 갈등과 대립은 불가피합니다. 새로운 관계 개선을 위하여 당신의 변화된 모습을 보여주어야 하는데, 그 모습은 예의는 갖추면서 엄마와 거리를 두는 것입니다. 단호하게 거절하세요. 엄마가 가만히 계시지 않을 겁니다. 전처럼 '좀 더 세게 나오면 딸이 다시 읍소하겠지'라는 생각이 나오지 않도록 차단해야 합니다. 당신의 사사로운 일들을 엄마에게 보고하거나 결재 받지 마세요. 전처럼 결국은 고개를 숙이고 엄마에게 승기를 넘기지 마세요. 엄마에게 맞춰온 익숙한 방식을 버리려는 당신도 힘들지만, 당신의 새로운 방식에 적응해야 하는 엄마도 힘드실 겁니다. 피하지 마세요. 기다리세요. 변화의 촉진자는 시간입니다."

반면 엄마는 애정과 관심으로 위장한 집착을 버려야 한다. 인생 후반에 자식을 놓아야 하는 가장 중요한 이유는 자식의 독립적인 삶을 위해서뿐만 아니라, 엄마 자신의 행복을 위해서다. 노후에는 눈에 보이는 것을 넘어서 그 이상의 가치에도 꾸준히 관심을 가져야 죽음도 편히 맞이할 수 있다. 종교인과 비종교인을 막론하고, 왜 죽음 앞에서 조금이라도 더 살려고 아등바등하겠는가. 그렇다고 죽음이 피해가는 것도 아닌데. 죽음을 준비하는, 죽음에 앞서는 영적 가치관이 부재하기 때문이다.

왜 한국의 부호들은 기부에 인색한가. 왜 한국 종교는 입으로는 사랑과 희생을 말하면서 재산을 축적하거나 행색내기에 바쁘고, 실속 있는 사회봉사는 못하는가. 눈에 보이는 세상의 것들에 집착하기 때문이다. 엄마의 자식 집착은 본능적이다. 노후에도 똑같은 정도로 자식에게 집착하는 한, 인격과 수준은 거기서 중단된다. 그렇다고 혈육의 사랑마저 버리라는 것은 아니다.

엄마는 집착하거나 위로받을 자식이 없어도 행복할 때에야 진정한 자신의 행복을 찾는 것이다. 자신에게 자주 물어라. 나는 혼자서도 행복한가? 그렇다면 자식과도 행복하게 지낼 수 있다. 요즘 신세대들은 부모를 모시지 않는 것이 대세이다. 이 흐름을 나라고 피해갈 것이라 생각하지 말라.

돈을 다스림으로 돈을 능가하는 가치관을 세우자

엄마가 자신이 가진 돈으로 딸의 결혼생활까지 간섭하려 하자, 참다못해 엄마를 떠나 무조건 미국으로 이민을 간 어떤 부인이 있었다. 부인의 엄마는 노발대발했지만, 미국까지 쫓아갈 수는 없었다. 부인은 낯선 미국에서 육체노동을 하며 힘은 들었지만 마음은 편해 했다. 어머니가 살아계시는 한 절대로 한국으로 돌아가지 않겠다고 했다.

이후 엄마는 딸을 통제하는 에너지를 종교생활과 봉사활동으로 전환하여 자족하는 삶을 찾았다. 엄마는 돈으로 통제할 딸이 없어도 행복할 수 있었고, 딸에 대한 집착을 내려놓은 후에야 딸과의 관계가 개선되었다. 아무런 조건 없이 손자들의 미국 학비까지 대줬다고 한다. 돈을 통제의 수단이 아닌 사랑의 수단으로 사용한 것이다.

돈으로 사람을 통제하려는 것은 아주 이기적인 행동이다. 통제하는 사람의 자기애만 충족시키려 하고 타인의 자기애 따위에는 관심도 없다. 돈이 많을수록 이기적인 행동과 짝을 같이 하는 경우가 많다. 수단을 목적으로 사용하기 때문이다. 하물며 자식에게까지 그렇게 한다면, 가족들은 어느 순간 돈으로 얽혀 인간성을 상실하고 만다.

미국의 기부왕으로 불리는 소프트웨어 황제 빌 게이츠Bill Gates는 지난 20년 동안 350억 달러를 기부했다. 사업가이며 투자자인 워렌 버핏Warren Buffett은 370억 달러를 기부했다. 화장품 업체 에스티로더의 회장 윌리엄 로더William P. Lauder와 페이스북 창업자 마크 저커버그Mark Zuckerberg도 10억 달러 이상을 기부했다. 이들이 엄청난 금액을 기부한 것은 미국이란 사회적 환경도 있지만, 무엇보다도 돈을 다스림으로써 돈을 능가하는 가치관을 세웠기 때문이다. 돈 많은 이들의 노년은 돈 보따리를 풀면서 온다. 내 돈으로 생각하는 순간 돈에 곰팡이가 나니 돈 걱정을 한다. 내 돈이라 생각하지 말고, 하늘이 쓰라고 나에게 맡겼다고 생각하자. 누군가에게 자선을 베푸는 일은 곧 자기를 위한 일이기도 하다. 🌸

엄마 마음 다스리기

갑작스러운 시련 앞에서 엄마는 더욱 단단해진다

———

아들의 커밍아웃

여자와 사는 딸

아들을 치료할 방법이 없다

나비가 되어 날아간 세월호 아이들

아들의 커밍아웃

의지로 어찌할 수 없는 일은
미래에 맡기기

아들의 성격이 좀 여성 같은 줄로
만 알았다. 남들에게 따뜻하게 대하고 배려를 잘하는 좋은 성격
이라 생각했다. 아들의 희망은 의사가 되는 것인데, 목적은 남들
을 돕기 위함이었다. 이 순수한 목적이 의사가 된 이후에도 계속
될 것인지는 의문이지만, 엄마는 말이라도 도덕 교과서처럼 하
는 것이 기뻤다. 엄마는 아들이 꼭 그렇게 되리라 믿었다. 아들
을 줄곧 지켜본 엄마로서는 그런 믿음을 가질만한 충분한 이유
가 있었다.

여성 같았던 아들의 성향

유치원 다닐 때였다. 아들은 자기를 졸졸 따라다니는 유기견을 보고 측은한 생각이 들었던지 집으로 데려 들어왔다. 기겁을 한 엄마는 당장 내쫓으라 했지만 아들의 눈물 때문에 그럴 수가 없었다. 비싼 돈을 들여 피부병과 자궁 축농증을 치료하며 유기견을 키웠다. 아들이 막무가내 측은시심에 엄마가 손을 든 것이다. 한편 엄마는 내심 그런 따뜻한 마음을 지닌 아들을 격려해 줬다.

유기견에서 집안의 귀염둥이가 된 애견에게 아들이 자주 하던 말을 엄마는 기억한다. "○○야, 나는 강아지도 치료하고 사람도 치료하는 의사가 될 거야." 이 말을 할 때마다 아들은 병상에 있는 제 자식을 보듯 말했다. 그 표정이 하도 진지하여 엄마는 물끄러미 바라보고만 있었다.

아들이 초등학교 4학년 때였다. 남편이 미국지사로 발령이 나서 가족 모두가 한 5년간 미국에서 살았었다. 엄마는 마음이 여린 아들이 언어도 문화도 통하지 않는 낯선 학교에서 잘 적응할까 걱정했다. 걱정은 기우였다. 엄마는 미국 학교 선생님으로부터 아들이 학교생활에 아주 적응을 잘한다는 연락을 받았다. 그 선생님의 말이다. "같은 반 급우들이 아드님의 학교 적응을 위하여 헌신적으로 도와주고 있어요. 아드님은 남의 도움을 끌어내는 재주를 타고난 것 같습니다."

나중에 엄마가 확인해본 바에 의하면, 아들의 여성 같은 성향이 남학생과 여학생 모두에게 호감을 샀고, 이 때문에 아들은 학교생활에 잘 적응할 수 있었다고 한다. 남자가 저렇게 약하고 물러 험한 세상을 어떻게 살아갈 수 있을까, 하고 걱정했었지만 엄마는 안도했다. "착한 아이는 동서양을 불문하고 다 좋아하는구나. 아들 뜻대로 남들을 도우며 사는 직업을 선택하여 그렇게 살면 되겠지."

아들은 중학교 3학년이 돼서 다시 한국 학교에 편입했다. 책을 좋아하는 아들은 늘 상위권 성적을 유지했다. 남들이 다 한다던 사춘기 반항은 없었고, 오히려 부모의 마음을 잘 살펴어 부모가 좋아하는 것을 하는 모범적인 아들이었다. 엄마가 걱정거리가 생길 때, 아들은 그 걱정을 대신 해결해주지 못하여 무척 미안해했다. 엄마는 아들의 이런 유약한 모습이 싫었으나, 효자 될 아들이라고 긍정적으로 생각하기로 했다.

아들의 충격 고백

고등학교 2학년 2학기 때였다. 수능 준비로 하루 24시간이 부족한 아들이 꼭 할 이야기가 있다며 부모님과 마주 앉았다. 아들은 고개를 숙였으나 그 태도를 봐서는 비장한 각오로 준비한 것 같았다. 굳이 이런 자리를 아들이 만든 이유는 무엇일까? 그 날, 부모는 심상치 않은 일이라는 예감이 들었고 잔뜩 긴장한 표정으로 아들의 말을 기다렸다.

"저요. 오랫동안 고민하다가 말씀드리는 겁니다. 이 일로 가장 괴로운 사람은 바로 저라는 사실만큼은 알아주셔야 해요. 저는 이성을 보고 마음이 설레본 적이 없어요. 제 친구들이 하는 자위를 저는 한 번도 생각해본 적이 없어요. 무엇보다도 부모님을 실망시켜 드릴 것 같아 말씀 드리지 못한 것뿐입니다. 저는 아주 어렸을 때부터 나는 여자인데 왜 남자로 있지, 하는 의문을 많이 가졌습니다."

더 이상 말할 것도 없다. 부모는 방망이로 머리를 한 대 얻어맞은 기분이었다. 그 순간 엄마는 반사적으로 튀어나왔다. "그럼 네가 동성애자, 게이란 말이니?" 엄마의 표정은 놀란 토끼라기보다는 공포에 질렸다. 아버지는 노발대발했다. "말도 안 돼. 너 지금 제 정신으로 말하고 있는 거니? 나이 더 먹기 전에 어서 생각을 바꿔."

아들은 더 이상 대화가 안 된다는 것을 알아차려 밖으로 나갔다. 그럴 줄 예상은 하고 있었다. 동성애자를 마치 사탄의 자식쯤으로 알고 있는 사회에서 부모의 반응이 그렇게 나오는 것은 당연했다. 그러나 섭섭했다. 그것은 의지의 문제가 아니었다. 나도 나를 어떻게 못 한다는 것을 부모님은 믿어주지 않는 것 같았다.

엄마의 마음을 말하면 무엇 하나. 아들의 성격이 좀 여성 같기는 해도, 그게 오히려 장점이 될 수 있다고만 생각했다. 그리고 아무 일이 없었던 것처럼 그 건에 대해 더 이상 대화를 하지 않았다. 부모의 속은 타들어 갔으나, 수능을 앞둔 아들을 스트레스 받게 할 수는 없었다.

아들의 마음은 확고부동했다. 부모의 이해를 떠나서 '커밍아웃'을 했다는 자체로도 마음이 후련했다. 이후 부모는 해외사이트까지도 뒤져 동성애에 대한 폭넓은 지식을 습득했다. 그와 관련된 기사를 읽으면 읽을수록 희망보다는 절망이었다. 타고난 성향과 후천적 성향이라는 두 가지 관점이 모두 있었다. 그러나 후천적 성향이라 해도 잘 변화가 안 된다는 것이 중론이다. 성소수자로 받아들여야 한다는 것이다.

이렇게 예민한 일로는 아들과 대화가 힘들다. 부드럽게 시작한 부모의 화법은 화로 바뀌고, 확고부동한 아들은 물러서지 않는다. 아들의 마지막 말은 이랬다. "이것은 제 의지대로 되는 것이 아니에요. 제 인생입니다. 뭐라 하지 마세요."

그래서 상담소를 찾았다. 엄마는 실오라기라도 잡고 싶은 심정이었다. 상담실에서 아들은 처음부터 자신의 동성애 성향을 말하지 않았다. 지금까지 살아온 전반적인 경험을 토대로 자신의 성격이나 성향을 탐색하는 상담을 수차례 했다. 한 달이 지나고 나서야 자신의 이야기를 꺼내기 시작했다. 다음은 아들의 이야기를 대략 정리한 것이다.

내가 동성애 지향을 느꼈던 경험

초등학교 들어가기 전으로 기억한다. 이웃집 여자아이가 예쁜 치마를 입고, 머리는 두 줄로 따고 그 위에 예쁜 리본을 달았다. 나는 내 복장을 보고 이런 생각을 했다. "나는 여자인데 왜 저 아이하고 복장과 머리가 다를까?" 나는 엄마에게 치마를 사 달라고 졸랐고, 머리도 길러서 따달라고 했다. 나중에 엄마에게 들은 바에 의하면, 엄마는 치마를 하나 얻어다가 나에게 입혀줬고 나는 무척 기뻐했다고 한다. 엄마는 내가 멋있는 것보다는 예쁜 것에 집착했다고 한다. 나는 남자답게 멋있게 생겼다는 말을 들으면 "아니야, 예쁘게 생겼어" 하고 바꾸어 말했다고 한다. 나는 그 기억이 안 난다.

초등학교 입학해서는 친구들과 잘 어울려 노는 아이였다. 남녀 모두와 잘 놀았지만, 이상하게 여자아이들과 노는 것이 편했다. 나는 초등학교 다닐 때부터, 나의 생물학적 성이 잘못됐다는 생각을 어렴풋이 했다. "나는 여자여야 하는데, 왜 남자로 있는 거지."

그러나 그때는 성정체성이 없던 시기였기에 그 문제로 심각하게 고민하지 않았다. 지금도 잊지 못할 초등학교 4학년 때의 기억이 있다. 키 크고 남자답게 잘생긴 미국인 남자아이에게 처음으로 가슴이 설레는 경험을 했다. 그때는 몰랐지만, 그게 보통의 여자아이들이 멋있는 남자아이를 보고 느끼는 이성 감정이었다. 그러나 비밀에 붙여야 했다. 그 시기에 내가 만일 한국에서 학교를 계속 다녔다면 나는 성정체성 문제로 많은 고민을 했을 것이다.

다행히 아버지의 미국 지사 발령으로 가족이 미국으로 이주하면서 그 고민은 살짝 다른 곳으로 빠졌다. 나는 영어를 익히고, 그 문화에 적응하고, 학과목을 따라가는 일에 에너지를 집중해야만 했다. 한편 나는 퍽 행복한 시간을 보냈던 것 같다. 미국 학생들은 낯선 사회에 적응해야 하는 나에게 큰 도움을 주었고, 나는 형과 누나들에게 돌봄을 받는 어린 동생 같은 느낌이 들었다. 그때를 생각해보면 나는 소녀처럼 지낸 것 같다. 그렇게 보여도 흉 될 게 전혀 없었다. 낯선 외국인 학생의 소녀다운 행동을 관용적으로 봐주었으니 말이다. 나는 돌봄을 받아야 하는 이국 학생으로서 만족스러운 미국 생활을 했다.

나는 나중에 이 부분을 이렇게 해석했다. "힘 있는 미국인 학생은 남자이다. 나는 그 남자의 도움을 받아야 하는 낯선 나라의 학생, 약한 여성이다. 성정체성에 대해 고민할 것도 없이 보호받는 여성으로 즐겁게 지낸 것이다."

하지만 본격적으로 성정체성의 문제로 고민해야 할 중학생이 되자 나는 혼란스러웠다. 남자들하고도 잘 어울렸으나 그렇게 하는 것이 어색하게 느껴졌다. 활발했던 내 성격에 변화가 오기 시작했다. 생각에 잠기는 시간이 많아졌다. 이 고민을 친하게 지내던 남자인 미국 친구에게 한 적이 있다. 그랬더니 그 친구는 이렇게 말해줬다.

"그럴 수도 있어. 그런데 너의 심리적 성에 대해 꼭 말할 필요는 없어. 커밍아웃하기 전까지는 남자처럼 남자들하고 친하게 지내는 거야."

이 말을 듣자마자 나는 이렇게 대꾸했다. "만일 네가 여자라면, 너는 남자들하고 아무렇지도 않게 친구로 지낼 수 있니? 이성의 감정이 전혀 없이 말이야. 그거하고 똑같은 거야." 나는 이렇게 말하는 순간 내가 진짜 여자가 된 것 같아 날아갈 것 같았다.

나는 중학교 3학년 2학기가 되어서 한국으로 돌아왔다. 나는 그 치열한 교육 현장에 적응하고 수학·과학 등 부족한 교과목을 보충하기 위해 학원을 순회하기 바빴다. 성정체성으로 고민할 시기가 되면 환경이 바뀌는 일이 반복된 것이다. 그것 때문에 심각한 고민은 뒤로할 수 있었다. 그러나 수능을 앞두고 대학 진학을 준비해야 하는 지금, 나는 나의 성정체성을 분명히 해둘 필요를 느꼈다. 교복을 벗으면, 나는 예쁜 남자 또는 여자로 살아가야 한다.

나도 동성애에 대해 많은 정보를 탐독해보았다. 부모의 걱정이 마음에 걸려, 바꾸려는 시도도 해봤다. 그러나 그것은 절대 아니라는 내적 확신이 견고해졌다. 나는 멋있는 남자를 보면 마음이 설렌다. 나는 자위를 해본 적이 한 번도 없다. 물론 예쁜 여성을 보거나 야한 동영상을 보고 성기가 발기한 적도 없다. '나는 왜 생리를 안 하지?'라는 생각을 한 후부터는 이상한 일이 발생했다. 한 달에 한 번 간격으로 여성의 생리통 같은 것이 내 허리를 찾아왔다. 뿐만 아니라 기분도 우울해졌다. 마음이란 것은 정말 무섭다. 혹시 나에게도 난소가 있는 것은 아닌가, 하는 의심이 들었지만 그것은 아니었다.

내가 의사가 되려 한 것은 성정체성과 관계가 있다. 나는 심리적 여성이지만 남성과 섹스를 하고 싶은 생각은 없다. 기회가 되면 멋있는 남성을 애인으로는 가지고 싶다. 동성결혼할 생각은 없다. 나는 사람을 도우며 살고 싶은데, 가장 확실한 방법이 의사이다. 자칫 사회의 외진 곳으로 밀려, 남들 같은 대우도 못 받고 사는 것이 트랜스젠더이다. 그들은 일반 직장에서 적응이 힘들다. 의사라는 전문가로서는 얼마든지 존경받으며 살수 있다. 사심 없이 사람을 돕는 일은 내 적성에 딱 맞다. 부모님이 알면 땅이 꺼지고 하늘이 무너질 일이지만, 나의 미래를 생각하면 기쁘다. 내 인생일 뿐이다.

꽤 여러 회기를 거쳐 아들의 이야기를 들으며, 나는 그의 성정체성에 개입할 여지가 없음을 발견했다. 사회적 통념에도 불구하고 자신의 심리적 성을 사랑하고, 거기에 걸맞은 직업을 얻기 위해서 노력하고 있다.

나는 엄마를 설득할 필요를 느끼지 못했다. 이미 해외사이트까지 뒤져서 동성애에 대한 다양한 정보를 가지고 계신 분이다. 나는 아들이 차마 부모에게 하지 못한 말들을 들려줄 필요도 못느꼈다. 모자가 치러야 할 자연스러운 과제에 나의 암시가 개입되는 것은 좋지 않기 때문이다. 나는 이런 말을 하고 싶었으나, 단정 짓는 것이 될 수 있어 하지 않았다.

"아들은 그의 기억에서 거의 여성이었습니다. 그는 심리적 여성으로 살 충분한 준비를 마친 것 같습니다."

나는 역시사지를 해봤다. 아닌 밤에 날벼락이라고 얼굴에 검은 구름이 깔린 엄마의 수심을 충분히 이해할 수 있었다. 만일 내 아들이 그렇다면? 나 또한 절망적이었을 것이다. 그러나 큰일일수록 어른이 개입할 여지는 별로 없다. 그래서 더 힘들다.

동성애는 질병이 아니다

자신의 동성애를 분석 받고 싶어 스스로 상담실을 찾아온 운동선수를 만난 적이 있다. 그의 어린 시절 기억에, 부모는 함께 사업을 하는 분이어서 밤 열 시가 다 돼서야 집에 들어오셨다고 한다. 그의 세 살 위인 누나는 학교 수업이 끝나고 부모가 집에 들어오는 긴 시간을 외롭게 지냈다고 한다. 그 외로움과 불안이 초등학교 4학년인 누나의 성적 호기심을 불러일으켰고, 그녀는 자주 세 살 아래의 남동생에게 성적 자극을 했다. 그는 돌봄이 꼭 필요한 시기에 사업을 핑계로 자신을 돌봐주지 않은 엄마에게, 그리고 어린 자신에게 불쾌한 성적 자극을 한 누나에게 무의식적 분노를 가지고 있었다. 이것이 원인이 되어 여성혐오증을 가졌고, 동성애를 즐기게 된 것이다.

이처럼 심리적 외상에 의해 동성애자가 된 경우, 그는 동성 성교에서 만족을 느끼지 못하고 허전해진다. 그래서 정신분석을 받고 싶다며 나를 찾아왔고, 중요한 발견을 했다. 나는 그의 의지가 그의 성정체성을 찾는 데 기여하기를 기대했다. 그러나 그는 20년간 유지해온 성정체성을 바꾸는 게 쉬운 일은 아니라며 어두운 표정으로 나의 상담실을 떠났다.

※※※※※

그러나 다른 특별한 심리적 외상이 발견되지 않는 동성애도 있다. 그러기 때문에 타고난 성향을 인정해주자는 '성적소수자'라는 말이 생겨났다. 의지를 떠난 것은 의지적으로 고치기 힘들다. 그래서 동성애는 타고난 것이다, 라는 합의된 결론도 있다. 미 대법원에서 동성애자의 권익을 인정해주자는 판단은 생각 없이 된 일이 아니다. 여러 심리학자와 정신의학자의 자문을 구했을 것이다.

정신병에 대한 두 개의 주요 진단 및 분류체계인 ICD-10(국제질병 사인분류)과 DSM5에서도, 동성애로 인한 성적 지향, 끌림, 행동, 그리고 성별 정체성을 병리현상으로 보지 않는다. 2016년 3월 22일 한국의 대한신경정신의학회를 비롯한 118개국 정신과 전문의를 대표하는 세계정신의학협회에서는 동성애 지향을 인정하고 전환치료야말로 비윤리적이라는 성명서를 냈다.

무엇이 되든지, 미래는 우리가 알 수 없다

나는 이 모자를 상담하면서 고등학교 때에 즐겨 듣던 도리스 데이Doris day의 "Whatever will be, will be"가 떠올랐다. 노래 가사에서 한 아이가 엄마에게 "이 다음에 커서 뭐가 될까요?"라고 묻고, 엄마는 "무엇이 되든지, 미래는 우리가 알 수 없다"라고 답한다. 인생사, 하나의 인풋in put에서 하나의 아웃풋out put이 나오는 것은 아니다. 노력을 하지만, 노력에 뒤따르는 결과는 미래에 달렸다. 의지가 할 수 없는 일은 미래에 맡기는 것이 순리이다. 의지가 할 수 없는 일을 의지대로 바꿔나가려 한다면, 심각한 내적 갈등과 관계의 갈등은 피할 수 없다.

아들의 커밍아웃이 아들의 미래를 어떻게 만들지는 아무도 모른다. 엄마는 주관적인 경험과 통념에 의해서만 예측할 뿐이다. 의지가 할 수 없는 일은 미래에 맡겨라. 아들의 인생에 결정적으로 중요한 것일수록, 엄마는 한 걸음 뒤로 물러나 아들 고유의 인생을 인정해줘야 한다. 고등학교 2학년인 아들이 아직 철이 없거나 잘못 판단하기 때문에 중요한 인생사는 엄마가 개입해야 한다는 생각은 옳지 않다. 한 사람의 인생에 중요한 것일수록 타인의 개입은 무의미하다.

청천벽력과 같은 아들의 선언에 엄마의 가슴은 시커멓게 타들어갔다. 그러나 엄마의 멍든 가슴은 아들 때문이 아니라 엄마가 감당해야 할 엄마의 인생사이다. 내 인생사 고통을 너 때문이라 하면 고통만 늘어간다. 이미 동성애에 대해 충분히 자료 검토를 한 엄마는 이런 말을 했다.

"커밍아웃을 한 아들의 표정이 한결 밝아졌어요. 그동안 비밀로 간직하려고 얼마나 힘들었겠어요. 그로 인한 공과는 아들의 인생 숙제입니다. 지금 제 인생 숙제는 아들의 커밍아웃을 내 안에서 소화시키는 일이에요. 아들이 정말 동성애자가 될지, 혹은 마음의 변화가 와서 이성애자가 될지 아직은 몰라요. 미래에, 그리고 아들에게 맡기는 겁니다."

그녀는 그녀가 속한 종교 지도자를 찾아가 상담했다. 그 분은 이런 이야기를 했다. "당신 인생 아니잖아요. 걱정한다고 아들이 이성애로 돌아오나요. 할 수 있는 조치가 있나요? 타고난 그런 사람들이 있어요. 그런 사람들은 정말 착해요. 어머니 인생이나 잘 챙기세요. 아들은 확고해 보이는데요."

모든 엄마는 그녀의 자식이 무엇이 될지 모른다. 엄마는 자식 인생의 중요한 방향과 그 결정에 있어서 영향을 줄 수 있는 것이 생각보다 적다. 자식들이 무엇인가를 결정할 때, 그 무엇은 그들이 살아야 할 인생이고 감당해야 할 시련이며 행복은 거기서부터 시작된다. 그것을 거부하고 부정하는 순간 행복은 파랑새가 되어 저 멀리 날아가 버린다.

나는 이런 말을 했다. "동성지향을 가졌다고 반드시 동성 성교를 하는 것은 아닙니다. 관습적으로 건강한 동성 사랑도 있을 수 있습니다." 지금 아들은 이런 생각을 가지고 있었다. 엄마도 여기까지였으면 차라리 좋겠다고 했다. 그러나 중요한 일일수록 '무엇이 되든지, 미래는 우리가 알 수 없다'는 태도를 가짐으로 내 의지를 비켜가는 것이 좋다. ✽

여자와 사는 딸

자기연민의 동굴에서
빠져나와 딸과 여행하기

딸은 회사 가까이에서 회사 선배와 자취를 하고 있었다. 딸을 유난히 챙기는 엄마는 딸의 자취를 만류했으나, 집에서 회사까지 왕복 네 시간 이상 통근 거리이고 딸도 고집하여 방을 얻기에 보내줬다.

어느 날 엄마는 딸의 빈 방을 청소하다가 서랍장 한 쪽에 끼어 있는 편지 뭉치를 발견했다. 요즘 아이들은 스마트폰으로 SNS를 사용하지 손편지는 거의 사용하지 않는다. 궁금한 나머지 엄마는 손편지 다발을 펼쳐들어 읽어보게 됐다. 편지는 우편으로 보내진 것이 아니라, 예쁜 봉투에 넣어 서로 교환한 것이다.

처음에는 대수롭지 않게 읽어 내려가던 엄마의 표정이 점점 굳어지기 시작했다. 딸도 가끔 이야기하던 회사 여자 선배로부터 받은 편지인데, 연인 사이에서나 있을법한 표현들이 여러 군데서 발견됐다. 가벼운 스킨십을 넘어 성적 표현까지 서슴지 않고 있었다. 엄마는 직감적으로 딸이 동성애를 하고 있다는 것을 알아차렸다. 그 순간 엄마는 방바닥에 주저앉았다. 편지를 보낸 여성은 바로 딸의 자취 파트너였다. 그럼 딸은 지금 여자와 같이 산단 말인가. 그냥 사는 것이 아니라 서로 부부처럼 섹스 파트너로서 말이다.

믿을 수 없는 딸의 커밍아웃

간혹 말로만 듣던 동성애자가 바로 내 딸이었다니, 엄마는 믿어지지 않았다. 엄마는 당장 딸에게 전화를 걸어, 오늘은 집으로 퇴근하라고 불호령을 내렸다. 딸은 늘 자상하게 대하던 엄마가 냉큼 화를 내는 것에 내심 불안했다. 나중에야 알게 된 것이지만, 이때 딸은 자기의 비밀이 들켰다는 느낌이 들었으며 이왕 그렇게 되었다면 당당히 커밍아웃해야겠다고 마음의 다짐을 하고 있었다고 한다.

엄마는 딸이 퇴근하여 집에 올 때까지 아무것도 못하고 동성애에 관해서만 골몰하고 있었다. 어떻게 해서든지 딸의 마음을 바꿔주려 했고, 그것이 가능하리라 생각했다. 딸이 잠시 마음을 다른 곳에 두어서 그렇지, 본심이 아니기를 바라는 마음이 있었다. 드디어 딸이 집에 들어오자마자, 엄마는 자신이 그 편지를 읽고 얼마나 놀랐는지 그 자리에 쓰러져서 한동안 정신을 차리지 못했다고, 다소 과장하여 딸에게 상황 설명을 했다. 그렇게 하면, 즉 엄마가 힘들다는 것을 딸에게 설명하면 거의 항상 딸은 엄마 편에 서주었기 때문이다. 그러나 딸의 표정과 태도가 평소와는 달랐다.

"엄마의 그런 입장은 충분히 이해해요. 그게 대부분의 사람들이니까요. 그런데 성에 눈이 뜨기 시작하는 사춘기부터, 저는 다른 소녀들과는 다르다는 생각을 했어요. 지금 이 상황은 우발적이거나 갑자기 일어난 일이 아니에요. 그동안 엄마의 말이라면 저는 거의 순종해왔어요. 그러나 이것만은 엄마가 개입할 일이 아니에요. 설마 제가 잘못된 선택을 한다고 해도, 지금은 돌이킬 수 없어요. 나중이라면 몰라도……"

딸은 더 이상 말을 하지 않았고, 자기 방으로 들어갔다. 화난 엄마는 몸싸움이라도 하듯 딸의 몸을 붙들고, 네가 그러면 엄마의 모든 희망이 사라지고 살 이유도 없어진다고 반협박을 했으나 딸은 요지부동이었다. 엄마도 딸의 결연한 얼굴 표정을 읽고 일단 물러나 전문가의 도움을 받기로 했다. 엄마의 신념이다.

"여자가 남자를 만나서 연애하고 결혼하고 섹스하는 것이 순리이지, 그렇게 못하는 것은 다 병이다. 병은 고쳐야 한다."

아버지를 거부하고 엄마를 측은히 여긴 딸

그렇게 몇 달이 흐른 뒤에, 엄마는 딸을 겨우 설득해서 상담실로 데리고 왔다. 딸은 엄마의 성화에 못 이겨 한 번 와주는 격이었다. 모녀상담을 해본 결과, 딸이 동성애자가 된 다음과 같은 심리적 원인이 있었다.

남편에게 음주 폭력의 나쁜 습성이 있는 줄을, 엄마는 결혼하고 나서야 알았다. 자영업을 하는 남편은 얌전하고 서글서글한 성품을 가졌다. 그 좋은 성품으로 고객들 상대를 잘하여 장사는 괜찮은 편이었다. 그러나 퇴근 후에는 거의 술을 마셨고 주벽도 심했는데, 그 피해는 고스란히 가족들 몫이었다. 처음에는 남편의 술버릇만 나쁜 줄로 알았는데, 살다보니 남편은 인격 장애자였다. 중독에 가까운 음주, 주벽, 언어적 폭력, 물리적 폭력 등은 아내에게 견디기 힘든 것이었다.

딸이 학교 갔다 집에 들어오면서 제일 먼저 살피는 것은 엄마와 아버지의 눈치였다. 아무 일도 없으면 안심이었다. 그러나 그런 날은 일주일에 2~3일에 불과했다. 하루건너 하루마다 집안은 공포였다.

딸은 유년기 때부터 아버지에게 당하는 엄마를 봤으니 무의식적으로 엄마를 동정하는 아이가 되었다. 어린 딸로서는 엄마를 위해 할 수 있는 일이 엄마를 동정하고 아버지를 증오하는 것 외에는 없었다. "나는 아버지에게 저렇게 억압을 당하는 엄마를 돌봐야 한다." 공부 잘하는 착한 아이가 되는 것이야말로 엄마를 기쁘게 하는 최선이었다. 자발적인 모범생이 아니라, 환경에 의해 강요된 모범생 콤플렉스에 빠진 것이다. 딸은 엄마에게는 착한 딸이 되었고, 아버지에게는 반감과 분노를 키웠다.

딸이 초등학교 3학년이 되던 해였다. 엄마는 자신의 삶이 남편에게 더 이상 망가지는 것을 참을 수 없었다. 합의 이혼했고 딸은 엄마가 키우기로 했다. 아버지가 안 계신 1년 동안은 파라다이스였다. 딸의 성장기 기억 중 가장 좋은 때였다.

하지만 엄마는 외로웠고 평생을 과부로 살 것을 불안해했다. 나이가 더 들기 전에 좋은 사람을 만나 재혼하고 싶었고, 엄마가 보기에 좋은 사람을 만났다. 재혼하여 세 식구가 살기 시작했는데, 이 남자는 전 남편보다는 덜했지만 주벽 역시 심했다. 전 아버지의 바통을 그대로 이어받은 듯했다. 배우자를 선택하는 방법도 업이 있는지 패턴이 있는지! 새아버지는 실직까지 당했고 엄마는 일을 하러 다녔다. 행복을 위해 선택한 결정이 불행이 될 줄이야. 딸은 다시 예전의 두려움에 빠졌다. "세상 남자들은 다

폭력배야. 나는 절대로 결혼을 하지 않을 거야."

새아버지는 몇 번에 걸쳐 알코올 전문병원을 들락날락하면서 딸이 중학교에 입학한 이후부터는 비교적 정상으로 돌아와 재취업도 했다. 하지만 남자에 대한 딸의 마음을 바꿔놓지는 못했다. 사춘기 이전의 어릴 적 경험들이 이후의 사고와 행동에 결정적 영향을 미치기 때문이다.

엄마의 이야기를 들으면 딸의 동성애에 대한 심리적 원인은 분명해진다. 두 명의 아버지에 대한 나쁜 감정이 남자를 거부하게 만들었고, 엄마에 대한 측은지심이 동기가 되어 여성들에게 끌렸다. 연애의 대상으로도 나쁜 남자를 거부하고, 끌리는 여성을 선택한 것이다.

두 명의 남자에 대한 나쁜 감정이 모든 남성들을 나쁜 사람으로 일반화하는 것을 인지행동치료에서 '과잉 일반화'라고 한다. 하나의 사실 혹은 그 경험으로 그와 연관되는 다른 모든 것을 한가지로 해석하는 것을 말한다. "세상의 모든 남성들은 나빠!" 물론 이런 신념은 무의식에 있는 것으로 그녀의 사회생활에는 크게 작용하지 않았다.

인지행동치료에서는 과잉 일반화를 수정하라 한다. "아, 나의 생부와 계부만 술과 인격 장애로 문제가 있었구나. 그렇다고 세상 모든 남자들이 다 그런 것은 아니다." 그러면 다른 모든 남자들을 객관적 시각으로 볼 수 있다는 것이다. 그러면 분노의 에너지를 철수시켜 이성애로 돌릴 수 있다는 이론이 성립된다. 딸을 잘 키우기 위해 평생교육원에서 상담학 공부를 한 엄마는 이런 식으로 딸을 바꿔줄 수 있다고 믿었다. 그러나 그것은 자신을 위로하는 방법에 불과했다.

이론은 쉬워도 실제는 어렵다. 어린 시절부터 자주 경험하여 무의식에 깊은 흔적으로 남은 것은 쉽게 수정할 수 없다. 그녀의 의지를 떠난 것이 된다. 무의식이란 그런 것이다. 내가 왜 이래, 하면서 그렇게 되어가고 있는 것을 딸도 어쩔 수 없었다.

엄마의 안정적 지지를 받지 못 해온 딸

모녀 상담 중에 딸이 엄마 모르게 숨겨온 비밀이 밝혀졌다. 딸은 그 말을 하면서 엄마가 실망하실 수도 있으니 비밀로 해달라고 부탁했다. 거기에는 한 번쯤은 누군가에게 말하고 싶은 딸의 은밀한 심리적 자료들이 있었다.

딸은 어린 시절에 아버지는 증오하고 어머니는 동정하면서 정작 자기는 돌봄을 제대로 받지 못했다. 엄마에게 말 잘 듣는 딸로서 자신의 정체성을 한정지었다. 딸이 여섯 살 때였다. 그 나이는 오이디푸스 콤플렉스 시기로 부모에 대한 양가감정으로 자주 찡얼거린다. 딸은 당시 우울한 엄마에게 찡얼거리며 뭔가를 부탁한 적이 있었다. 돌아온 것은 거절이었다. "딸아, 너까지 그러면 엄마는 어떻게 하라고! 엄마 죽으면 어떻게 하라고."

아버지의 가정폭력으로 그 혹독한 시련기를 보내면서 엄마는 어린 딸이 없었더라면 자살했을 거라 했다. 엄마는 당신의 우울로 딸의 욕구에 민감하지 못했고 딸은 더 이상의 욕구를 포기했다. '내가 엄마에게 요구하면 엄마는 죽을 수도 있구나. 나는 엄마에게 요구하지 말고 엄마의 요구를 잘 들어드리는 딸이 되어야 한다.'

딸의 말이다.

"저는 엄마의 안정적인 지지를 거의 받지 못했어요. 내가 엄마를 어떻게 해야 한다는 부담감을 가졌어요. 친구들에게도 내 욕구나 주장을 말하면, 친구들이 저를 떠날 것 같았어요. 저는 제 이야기를 못하고 남 이야기나 잘 들어주는 아이였어요. 친구들은 저를 착한 친구라 했는데 저는 그 말이 싫었어요."

딸은 자신이 같은 또래 소녀들과 성적 호기심이 다르다는 것을 중학생 때 알았다. 그 나이가 되면 남학생들에 대한 이야기가 화제가 되고 좋아하는 특정 남학생을 정해놓고 설레기도 한다는데, 그녀에게는 없었다. 자기가 정말 이상한 여학생인지 시험해보고자 자기를 좋아한다는 한 남학생과 몇 번의 만남을 가져본 적도 있었다. 그러나 설렘은 고사하고 마음만 불편하고 지루해서 그만두었다. 남자가 싫다는 감정보다는 이성의 감정이 들지 않았다고 한다. 간혹 특정 동성을 보면 마음이 설렜는데, 그때는 그게 동성애 경향인 줄 잘 몰랐다.

대학교에 입학하여 한 집단상담 프로그램에 참석하면서, 딸은 왜 남자에게 이성의 감정을 느끼지 못하는지 탐색해보는 시간을 가졌다. 원인은 그동안 의식되지 않은 남성에 대한 강한 분노와 거부감이었다. 그리고 그 뿌리는 당연히 친부와 계부였음이 밝혀졌다. 그녀에게는 놀라운 일이었다. 집단상담 내내 이 부분을 애도했으나, 마음의 정화만 일어났을 뿐이다. 그렇다고 남성들을 의식적으로 멀리하는 이상한 성격의 소유자는 아니다. 남성들과 사회적 관계는 그런대로 한다. 더 이상 친밀해지지 않고, 이성의 감정이 안 들 뿐이다.

동성애에 대한 충동은 있었으나, 자신이 동성애자가 되리라고는 생각하지 못했다. 그러나 대학 졸업 후 직장에서 2년 선배 언니를 만나면서 사정은 달라졌다. 선배는 강하고 자기주장이 뚜렷한 여성이다. 선배와 함께 있으면 자신이 약함이 위로받는 느낌이다. 어려운 일이 있어 상의를 하면 선배는 정확한 답을 알려준다. 의지가 된다. 나를 품어주는 것 같다. 선배는 나의 어떤 힘든 일도 다 해결해주는 카리스마가 있다. 친절하게 도와준다. 그 선배와 함께 있으면 나도 모르게 선배는 힘 있는 엄마, 나는 어린 딸이 된다.

이렇게 의존관계로 한 1년을 만났다. 선배 역시 남자에 대한 거부감을 가지고 있었다. 우연한 기회에 함께 여행을 가게 됐는데, 둘의 동성애 경향이 자연스럽게 만나 마침내 함께 살게 됐다. 딸의 말에 의하면, 이성 간의 로맨스보다는 모녀관계의 편안함을 느꼈다. 그 결속력은 한 번도 경험해 보지 못한 매우 안정적인 것이었다.

결핍된 모성을 동성애로 대체한 딸

나는 그녀가 동성애를 통해 성적 만족을 느끼는지 의심했다. 유아가 엄마와의 스킨십에서 성적 만족이 아닌 정서적 편안함을 느끼는 것처럼, 그녀 역시 선배와의 관계에서 성적 만족보다는 모녀 융합의 편안함을 느끼는 것으로 분석되었다. 정신분석가 멜라니 클라인에 의하면, 유아는 엄마와의 피부 접촉을 동반한 원시적 성적 환상을 가진다고 한다. 이때의 성적 환상이란 성적 쾌감이라기보다는 엄마로부터 비롯된 편안한 만족감이다.

나는 물었다. "선배와의 동성애에 만족하십니까?" 예상한 대답이 나왔다. "아니요." 맞다. 그녀가 경험한 것은 성적 환상을 동반한 정서적 친밀감이다. 모성 결핍의 아동이 모성에 몸을 비비며 얻는 만족을 구하고 있었던 것이다. 나는 선배가 꼭 엄마 같다는 그녀의 말을 상기시키면서, 당신은 모성 결핍을 힘 있는 엄마 상을 가진 선배에게 보상받으려는 것이라 했다. 동성애 쪽으로 맞춰가려던 차에, 다른 대안은 없다던 차에 그녀는 약간 충격을 받은 듯 한동안 말이 없다가 말문을 열었다.

"그렇군요. 하고나면 선배는 아주 만족했는데, 저는 아니었어요. 그렇다고 싫은 것은 아니지만, 내가 선배에게 맞추고 있다는 생각이 들었어요. 과거에 엄마에게 맞추고 있는 것처럼. 하지만 좋은 척했어요. 어떤 때는 정말 좋을 때도 있긴 있었어요. 아무튼 다양한 감정이 들 때가 많았어요."

"그 관계를 계속 하시겠어요?"

"지금은 어쩔 수 없어요. 그만 두기는 너무 멀리 갔어요. 우리는 기독교인으로서 주일 성수와 교회에 십일조도 성실히 하고 있어요. 처음에는 죄책감이 들었지만, 지금은 그렇지 않아요. 내의지로 어떻게 할 수 없는 것을 하나님도 뭐라 하지 않을 것이란 믿음이 생긴 거예요. 우리는 같은 교회에 함께 가고 있어요. 미래는 생각 안 하기로 했어요. 저는 지금도 제 인생의 대소사를 엄마가 아닌 선배와 의논하고 있어요."

그랬다. 그녀의 동성애 성향은 두 아버지에 의한 남성 혐오감이 전부는 아니다. 안전하고 힘 있는 모성에 대한 갈망이 그와 같은 여성을 만나서 동성애로 둔갑한 것이다. 그녀가 비록 그런

심리적 과정을 안고 있다 하더라도, 동성애는 의지적으로 고쳐지지 않는 특성을 가지고 있다. 그들에게 이성애를 강요하는 것은 이성애자에게 동성애를 강요하는 것만큼 힘든 일이다. 그렇다면 묵인하고 격려해야 하는가. 아직도 동성애에 관하여 문화적·종교적으로 허용을 못하는 나라는 많다. 그러나 섬세한 연구와 이해조차도 없이 너무 몰아붙이면, 그들의 인권은 추락하여 사회의 어두운 곳을 떠돈다.

내 마음대로도 안 되는 동성애 지향이다. 부모 마음대로 되는 것은 더 아니다. 또 다른 동성애 성향을 가진 고교 여학생을 상담한 적이 있다. 그녀의 부모는 거의 협박으로 변화를 요구했으나, 딸은 가출로 대답했다. 변화되기 힘든 것을 가지고 계속 싸울 것인가, 그 문제는 뒤로 하고 관계 회복을 위해 애를 쓸 것인가, 선택해야 한다.

엄마는 딸 하나만 보고 살아왔다. 딸은 잘 자라주어 좋은 직장에 다닌다. 이미 오래전부터 진행된 일이지만 지금 엄마에게는 큰일이 벌어졌다. 사람들은 큰일일수록 야단법석이지만, 큰일일수록 내 의지를 접고 주변의 의지를 살펴야 한다. 큰일은 큰일의 흐름이 있다. 무엇을 바꿀 것인가가 아니라 그 흐름을 어떻게 효과적으로 탈 것인가를 먼저 생각해야 한다. 이런 문제로 감정만 앞세우면 모녀관계는 심각하게 나빠진다.

나는 엄마에게 딸이 어릴 때에 못 해준 것을 지금이라도 해주라고 말했다. 딸이 선배에게서 받은 안전하고 힘 있는 모성을 엄마에게서 느낄 수 있도록 해야 한다. 화내고 야단치고 절망하는 것은 충분히 이해하지만 그것은 엄마와 딸 모두에게 아무런 도움도 안 된다고 했다.

엄마의 노발대발에 딸은 엄마 모르는 곳으로 자취방을 옮기고, 휴대폰 번호를 바꾸고, 직장도 옮기겠다고 으름장을 놓았다. 딸도 의지대로 안 되는 동성애 부분을 건드리면 더 멀리 동성애로 달아난다. 반동 심리는 이해받지 못하는 데서 생긴다.

심리적 요인의 동성애라 할지라도 바뀌기는 쉽지 않다

자기심리학자 하인즈 코헛에 의하면, 성장기에 부모에게 의존적이고도 독립적인 관계 맺기를 하지 못하고 결핍된 모성을 그밖의 다른 대상에게 채우려는 자기애적 욕구가 과대해지면 동성애자가 될 수 있다고 했다. 아버지를 두려워하고 엄마를 동정한 딸에게 편안한 대상은 없었다. 응석을 받아줄 엄마도, 안전감을 지켜줄 아버지도 없었다. 그런데 지금 선배 언니가 두 가지 역할을 해주고 있다. 그녀의 과잉 의존이 성적 환상을 동반한, 그러나 성적 쾌감까지는 의문인 동성애자를 만든 것이다.

운명과 같이 주어진 것은 탓할 것이 아니라 운명으로 받아들여야 한다. 동성애에 대한 연구를 보면, 일부 책자에 성공적 전환 사례 보고가 있다 하더라도 동성애자들은 그것에 영향을 받지 않는다. 또한 동성애자였으나 주변의 권유로 한때 이성애가 되었다가 다시 동성애로 돌아간 경우도 많다. 물론 이성애자로 전환된 경우도 있다.

기독교 심리 상담학자 게리 콜린스Gary R. Collins의 연구에 의하면, 동성애는 선택이 아니라 그들 자신도 통제할 수 없는 자연스러운 경향에 의한 것이다. 심리적·환경적 원인이 없는 동성애자들도 있다. 그들은 상담 자체를 거부한다. 혹은 호르몬과 관계된 생물학적 문제, 수도원이나 군대 등 주로 동성끼리만 생활을 하는 환경적 문제, 성장 과정에서 이성의 부모와 관련된 심인성 문제로 동성애자가 된 사람들도 있다. 그렇다 하더라도 이들은 치료를 거부하거나 치료가 쉽지 않다는 것이 중론이다.

동성애 자녀를 둔 엄마라면 이런 연구결과들을 이해하고 자녀를 대해야 한다. 우선 우리 아이가 성장과정에서 무엇이 결핍됐는지 살펴야 한다. 그리고 엄마가 다시 제공할 수 있는 것을 지금이라도 늦지 않았다는 생각을 가지고 줄 수 있어야 한다. 그러면 치료되느냐, 하는 질문을 종종 받는다. 나는 꾸준히 인내심을 가지고 해보자고 한다.

딸의 모습을 인정하고 편안한 모성 제공하기

엄마는 지금이라도 딸에게 편안한 의존 대상이 되어야 한다. 타고난 동성성향이 아닌 심리적 외상에 의한 동성성향이라면, 심리적 외상을 복구하는 외적 환경을 만드는 것이 중요하다. 딸은 선배가 아닌 엄마에게서 편안함과 안전함을 느낄 수 있어야 한다. 그러나 엄마가 그 일을 해낼 수 있을까? 오랫동안 몸에 배어 있는 자녀 돌봄의 방식이 단순히 사고의 전환만으로 바뀔 수 있을까. 엄마는 힘들 때마다 돌아가는 자기애적 동굴에서 나와야 한다. 그 동굴로 들어가면 자기연민 외에는 다른 것이 없다. 그래서 엄마는 딸에게 동정을 받았으나 딸은 외로웠다.

자녀를 키우면서 절대 일어날 수 없는 일은 없다. 작고 평범한 문제야 모자가 싸워가면서 해결할 수도 있다. 반면에 절대 일어날 수 없는 일이 일어났다면 더 차분해져야 한다. 그럴수록 언젠가는 일어나야 하는 일이 일어났다며, 감정을 절제해야 한다. 나는 엄마에게 말했다.

"동성애 하나만 보면 딸이 미워지고 어머니도 화병에 걸려요. 과거 불안한 환경에서 숨을 죽이며, 자기 말도 못하고 살았을 가엾은 어린 딸을 떠올려보세요. 그 어린이가 아직도 따님의 마음속에 있습니다. 돌봄을 기다리고 있어요. 그 아이를 달랜다고 생각하고 딸에게 대하세요. 아이가 크려면 몇 년은 걸립니다."

2년 후에 엄마는 나를 다시 찾았다.

"내 딸이 동성애자라는 생각은 일단 보류하기로 했습니다. 그리고 마음이 여린 딸에게 그동안 못했던 따뜻한 모성을 제공하려고 노력했습니다. 들어가기도 싫던 자취방에 밑반찬까지 날라다 주었습니다. 그동안 여유가 없어서 못했던 모녀 여행도 가까운 곳으로 다녀왔습니다. 그때 많은 이야기를 했습니다. 안 하던, 아니 못했던 것을 하려니 어색하고 쉽지는 않았습니다. 노력하다보니 딸이 일찍 철들었다는 이유로 제가 얼마나 딸에게 무심하게 했는지 알게 됐습니다. 많이 울었고, 반성했습니다. 딸은 저의 태도 변화에 처음에는 시큰둥했으나, 점차적으로 엄마의 진실을 믿었습니다. 선배 언니와의 자취를 정리하고 집으로 돌아왔습니다. 그렇다고 그 선배와의 관계를 포기한 것 같지는 않지만, 이전처럼 집착하지는 않습니다. 딸도 신앙을 가지고 있으니 언젠가는 마음의 변화가 있겠지요."

2년 전에 비하면, 엄마는 무척 편안해 보였다. 엄마 수업 수칙 하나. "자녀에게 일어날 수 없다는 일이 일어날수록 그 일과 거리를 두고 침착하게 생각하자." 그 일은 절대 혼자 해결할 일이 아니니 자녀와 함께 노력하자. 필요한 것은 존중이다. ✻

아들을 치료할 방법이 없다

자존심을 내려놓고
고통을 겸허히 끌어안기

독일의 정신의학자 크레펠린Emil
Kraepelin은 정신분열증(조현병)schizophrenia을 '조발성 치매'라고 했다.
치매가 빨리 왔다는 것인데, 이것은 의학적인 문제를 가진 것으
로 심리치료가 불가능하다는 것을 뜻한다. 약물을 사용하여 관
리적 차원에서만 다룰 뿐이다. 언젠가는 치료약이 개발되리라는
희망을 가지고 있으나, 아직까지도 희망은 이루어지지 않았다.

　크레펠린과는 달리 정신질병을 심리학적으로 보려는 프로이트
도 정신분열증은 심리치료가 불가능하다고 했다. 심리치료는 환
자가 심리에너지를 치료자인 대상에게 주어 여러 감정과 사고를

일으키고, 그것들과 직면하고 공감하고 해석함으로써 증상에서 벗어나게 하는 요법이다. 그러나 정신분열증 환자는 심리에너지를 자신에게만 향하고 대상에게 주지 않아 심리치료가 불가능하다는 논리가 성립된다. 그들은 치료실에 와서도 치료자와 대화를 하지 못하고 혼자만의 세계에 빠져 있다. 정신분열증 환자를 보면 거의 말이 없거나, 혼자서 중얼거린다. 일상에서 꼭 필요한 단답형 말만 할 뿐이다. 표정에 감정은 있으나 표현은 없다. 슬프다, 기쁘다, 우울하다 등의 기본적인 감정 표현조차 거의 하지 않는다. 그들에게 감정 표현은 금기사항이다.

마치 로봇처럼 정서적 둔마 상태인 그들에게 무슨 인생의 고통이 있을까, 하는 사람이 있다. 반대로 생각하면, 보통 사람이라면 누구나 표현하는 감정조차 표현하지 못하는 그들의 심리적 고통은 얼마나 큰지도 상상할 수 있다. 그들은 밖으로 나오기가 두려워 내면에 집을 짓고 숨어들어갔다. 그들에게 외부세상은 두렵고 괴로운 곳이다.

미국의 대인관계 심리학자 해리 스택 설리반Harry Stack Sullivan은 정신분열증 환자에게 인간적 따뜻함을 느끼게 하는 치료법으로 상당한 효과를 보았다. 그는 마음의 병은 관계의 손상 때문에 생긴 것으로 보았고, 관계의 개선으로 손상된 마음을 치료할 수 있다고 믿었다. 외부세계가 두려워 내부세계로 숨은 사람에게 따뜻한 인간관계를 통해 내면세계에서 나오도록 하는 것이다. 그는 정신분열증이 꼭 생물학적 원인만이 아니고, 심리적 원인도 있음을 밝혔다. 그렇다고 해서 모든 정신분열증 환자가 꼭 치료된다는 것은 아니다. 아직까지는 약물을 사용하는 관리 차원에서 다루어지고 있는 실정이다.

정신분열증 아들을 대하는 어려움

그는 지나치게 내성적이어서 초·중·고등학교 때도 친구가 거의 없었다. 가끔 따돌림을 당한 적은 있지만, 그래도 공부는 잘했기에 부적응 학생으로 분류되지는 않았다. 부모는 내성적 성격이 장점이 되어, 대학에 가서는 공부에만 전념할 아들이라 생각했다. 막상 대학에 진학하자, 그는 대학의 확대된 인간관계와 자율성에 적응하지 못했다. 외부 스트레스에 대한 내성이 깨지자 환청이 들리기 시작했다. 동료 학생들이 자기를 비난한다고 여기며 수업 중 이상한 행동을 보이기 시작했다.

급기야 증상이 심해져서 병원에 입원했고, 정신분열증으로 진단받았다. 이후 약물로 병을 관리했고, 대학은 더 이상 다닐 수 없게 되었다. 부모님은 시간이 지나면 좋아지겠지 하는 믿음을 가졌으나 몇 년째 아무것도 안 하고 집에 있는 시간이 많아진 아들은 우울증 증세까지 겹쳤다. 엄밀히 말하면 정신분열증 환자는 우울하고, 우울증이 심해지면 정신분열증의 삽화도 일어난다.

내가 처음 그를 본 것은 그가 스물일곱 살 때였다. 아들이 저렇게 집에만 있다가는 폐인이 될 것 같아서, 심리치료를 받으면 조금이라도 증상의 개선이 있지 않을까 하여 엄마가 데리고 왔다. 그는 대학 자퇴 후 7년 만에 처음으로 외부 사람을 일대일로 만났다. 처음에는 상담치료를 기부했으나, 섬자적으로 기본적인 수준에서 나와 치료관계를 맺어갈 수 있었다. 정신분열증 환자는 치료자와 적극적 관계를 맺지 못한다. 나는 짧은 동화나 그림 등의 매체를 사용하여 그와의 관계를 이어가려고 무진 노력을 했다.

수년간의 노력 끝에 나는 그의 유일한 '카카오톡' 친구가 되었다. 물론 아주 간단한 단답식 소통이다. 타인과 연결된 끈이 있다는 것 자체가 그에게는 특별한 의미였다. 그는 약을 복용하면서도 가끔 생기던 환청에서는 상당히 자유로워졌다. 엄마와 함께하는 쇼핑이나 산책, 가족끼리 하는 외식이나 여행, 간단한 심부름 정도는 하게 되었다.

죄를 보속하고 싶은 엄마

아들을 승용차에 태우고 상담실에 오는 엄마의 표정은 처음부터 밝아 보였다. 하지만 그 밝음은 인생의 진한 어두움 후에 온 것임을 나는 읽을 수 있었다. 간간이 어둠의 그늘이 살짝 지나가는 것도 쉽게 포착할 수 있었다.

자식이 정신병에 걸리면 엄마는 죄책감에 빠진다. 이게 다 내가 잘못 키워서 생긴 병 같다. 돌이켜보면 병의 원인이 될 만한 일들은 항상 있게 마련이다. 병원에서 뇌에 이상이 있어서 그렇다고 해도, 엄마는 자신의 잘못으로 돌려야 마음이 편한 것 같다. 그렇게 희생양이 되려는 것이 엄마의 마음이다. "내가 죄를 많이 지어서 그래요." 도대체 무슨 죄를 그렇게 많이 지었느냐고 물으면, 장애 자녀를 둔 대부분의 엄마는 대답을 못 한다. 나라도 죄인이 되어야 아이의 아픔에 함께할 수 있다고 믿는다.

아들이 정신병으로 진단됐을 때, 엄마는 자신의 '죄 아닌 죄'를 보속하기 위해 성당에 다시 다니기 시작했다. 처음에는 전능하신 하느님의 힘을 빌려 기적을 바라는 마음에서였다. 점차적으로 기적을 포기했다. 하느님을 의심했다. 성당도 그만 다니려고 몇 번이나 망설이다가 그나마 잡고 있던 끈을 놓을 수 없어서 신심을 계속 유지했다.

어느 날 미사를 드리면서였다. 아들이 불치의 정신병에 걸린 것은 인간으로서는 알 수 없는 하느님의 큰 뜻이라는 믿음이 생겼다. 그러고 나서 그 지독한 죄책감에서 벗어났다. 가끔 자신도 모르게 우울한 감정이 차올라오기는 하나, 기도로 이겨낼 수 있었다. 엄마의 고백이다.

"만일 아들이 병에 걸리지 않았다면 저는 교만을 버리지 못했을 겁니다. 아들은 저에게 고난을 선물로 주었고, 그 고난으로 제가 얼마나 연약한 존재인지를 알아 겸손을 배웠습니다. 겸손이야말로 인간이 가져야 하는 최고의 미덕임을 배웠어요. 내가 지금의 평안한 마음을 찾는 데는 많은 눈물과 시간이 필요했어요."

그녀는 이과 분야 박사학위를 취득하여 모기업 연구소의 연구원으로 일하고 있었다. 남편은 미국 명문대학을 나와 대학교수로 있었다. 그녀는 타고난 것이나 노력해서 얻은 것, 이 둘에 있어서 부족함을 몰랐다. 그러나 아들이 정신분열증으로 진단되고, 이 병은 평생 관리해야 할 병임을 정신과 의사로부터 듣고 난 후, 그녀의 삶에 큰 변화가 일어났다. 남은 생을 아들에게 전념하기 위해 좋은 직장을 그만뒀고 시간제 일거리를 찾았다. 평범한 가정주부로, 아니 정신병에 걸린 아들을 돌보는 엄마의 위치로 내려온 것이다.

자존감이 하늘을 찔렀던 그녀로서는 큰 결단이었다. 그것이 올바른 선택인지는 모르겠지만, 자기도 모르게 그렇게 해야 한다는 어떤 당위성이 있었다고 한다. 자기 공부하느라 어린 아들에게 소홀히 한 것을 뉘우치고 이제라도 보상하려는 의도도 있었다.

죄책감에서 벗어나 자발적인 봉사가 되어야

나이 30이 다 되어 일은 고사하고, 단 한 명의 만날 친구도 없이 집에만 틀어박혀 있는 아들을 보면 화가 치밀어 올라왔다. 초점을 잃거나 공포에 질린 아들의 눈을 보면 네가 왜 이런 일을 당해야 하느냐며 억울한 감정이 올라왔다. 그리고 칼날은 아들에게 향한다. 너는 왜 이것밖에 안 되냐, 도대체 네가 무엇이 부족하냐, 명문 특수목적 고등학교 나온 너의 현재 모습이 고작 이것이냐, 아들에게 대놓고 화를 낸 적도 많았다.

직장에 다닐 때는 아들을 24시간 보고 있는 것이 아니어서 그런대로 마음 관리가 되었다. 그러나 아들을 위해서 살겠다고 결심한 후, 아들을 거의 하루 종일 보고 있자니 너무 고통스러웠다. 이런 시련을 주신 하느님을 원망했다. 마음의 위로를 얻으려 성경책을 읽다가 성경책을 거실 바닥에 내동댕이친 적도 여러 번 있었다.

남편이 아들을 데리고 병원 정기검진을 간 어느 날이었다. 그녀는 혼자 남은 집에서 갑자기 서러움이 몰려왔다. 차라리 아들을 시설에 보내는 것이 현명한 방법이 아닌가? 데리고 있어야 완치도 안 될 병인데, 아들 때문에 내 인생도 망가진 것은 아닌가? 분노가 차올라왔다. 그러다가도 학위 공부와 직장 일 때문에, 아들의 주요 성장기에 못 해준 일들이 떠올라 자책감이 들었다.

그녀는 자식과 자신을 번갈아가면서 둘 다 원망하며 눈물샘이 마르도록 서럽게 울었다. 그렇게 한참을 울고 나니 이상하게 마음이 편해졌다.

아들에게 심리치료를 받게 해주려고 나를 찾아온 게 바로 이 때였다. 치료에 대한 기대보다는 부모로서 할 수 있는 최선을 다 하려는 것이었고, 아들에게 일주일에 한 번은 외출의 기회를 주고 싶었던 것이다. 아들이 정기적으로 만날 누군가를 만들어주고 싶었던 것이다. 나는 그녀와 대화 중에 이런 말을 한 적이 있다.

"부모도 자식도 잘못한 것이 없습니다. 인간의 자존심이 고통을 만듭니다. 인생이 고통스럽다는 것은 아직 자존심이 남아 있다는 증거입니다. 화건 복이건 '올 것이 왔구나' 하고 받아들이면 고통은 더 이상 고통이 아닙니다. 아니, 고통은 하느님이 인간을 가르치는 텍스트로 변합니다."

그녀는 공부한다고 아들을 남에게 맡기는 바람에 이런 일이 일어났다는 죄의식의 뿌리를 가지고 있었다. 그녀가 아들을 위해서 내린 일련의 결단은 자신의 죄를 보속하는 행위였다. 그 행위는 그대로 자신과 아들, 그리고 가족을 위해서 중요한 의미를 가진다. 그러나 좋은 일을 죄책감의 보속으로 하는 것과 자발적으로 하는 것은 후에 서로 다른 결과를 가져온다. 전자는 허탈감, 후자는 만족감.

"선생님의 말씀을 듣고 나니 면죄부를 받는 것 같습니다. 무엇을 해야만 한다는 강박관념에서 벗어날 수 있을 것 같습니다. 좀 더 자유롭게 신앙생활과 봉사활동을 할 수 있을 것 같습니다."

행복을 위한 선택에 후회하지 않는 것

자식 양육의 책임을 외면하지는 않은 엄마들이 피치 못할 사정으로 자식 양육에 실패했다고 후회하는 것을 보면, 나는 이런 말을 한다.

"누구나 자식에게 최선을 다하려 합니다. 그렇다고 항상 최고의 결과가 되는 것은 아닙니다. 최고의 결과가 아니라 해서 최선을 다하지 않았다는 것은 잘못된 생각입니다. 부모와 자식의 관계는 최고니 최선이니 하는 잣대로 잴 수 있는 것이 아닙니다. 그것은 운명과 같이 벌어지고, 신앙인에게는 신의 뜻입니다."

인간의 시야는 너무나 근시안적이다. 눈앞에 있는 것만 겨우 보는 인간의 시야로는 한정된 삶을 살 수밖에 없다. 영적인 성장은 시야를 원시안적으로 확보하는 것이다. 부분이 아니라 전체를 볼 수 있는 능력이다.

무한한 우주에 비하면 지구는 한 점이고, 한 사람은 그 점을 74억으로 나눈 것에 불과하다. 그만큼 인생이 무가치하다는 것이 아니라, 어떤 인생이든 전체의 작은 부분으로 기여한다는 뜻이다. 왜 어떤 사람은 사회의 인사이더가 되고, 어떤 사람은 아웃사이더가 되는가? 인과 아웃은 사람들의 분류법에 지나지 않는다. 그것들은 전체의 일부로 기여한다. 생명은 개인으로 존재하지 않고 공동체적 순환관계에 있다. 나의 불행이 누군가를 행복하게 하고, 나의 행복이 누군가를 불행하게 한다. 한때는 행복한 사람이 어느 때는 불행한 사람이 되고, 어느 때는 불행한 사람이 한때는 행복한 사람이 된다.

이 세상 모든 가족은 구성원의 성장을 위한 최상의 조합으로 만들어진다. 어떤 가족이든지 잠재적 불안이나 드러난 불안은 있다. 가족은 어떤 기준을 만들어 우열을 평가할 수 있는 대상이 아니다. 하나의 퍼즐 조각이라도 빠지면 그 그림은 미완성이다. 따라서 퍼즐 조각의 우열을 따지는 것은 어리석은 짓이다. 모든 가족 구성원은 만족스러운 것과 만족스럽지 못한 것으로 조합되어 있다. 가족이 하나의 단위를 이루어 형성된 사회가 그런 것처럼.

그러나 인간에게는 자유의지가 있다. 우리는 자유의지를 사용하여 할 수 있는 한 각자에게 맞는 최고치의 행복을 얻을 수 있다. 엄마가 젊어서는 자식을 못 볼 정도로 열심히 공부한 것, 그 결과에 대한 책임을 지기 위해 좋은 직장을 사직하고 시간제 근무로 전환한 것, 자신의 마음 관리를 위해 신앙을 가지게 된 것, 자신에게는 면죄부를 주고 병 걸린 아들을 있는 그대로 수용한 것, 봉사활동을 통해 겸손을 배운 것, 이 모든 것은 그녀의 자유의지가 현재의 행복을 위해 선택한 최선이었다.

인간이 삶은 모든 것이 다 과정이다. 따라서 과정이 행복한 사람은 항상 행복하다. 반면 결과를 행복으로 보는 사람들은 아주 잠깐만 행복할 뿐이다. 엄마로 살아가는 인생 수업은 하나의 긴 과정이다. 완성에 집착하지 말고 수업 과정을 즐겨라.

나비가 되어 날아간 세월호 아이들

천 개의 바람에게
마음을 실어 보내다

 2014년 4월, 안산시에 있는 화랑 유원지에는 세월호 사고 사망자 및 실종자를 위한 합동 분향소가 설치되었다. 거대한 노란 리본 다발은 긴 행렬로 분향소 입구까지 달려 있었다. 이 광경은 방문객들을 숙연하게 했다. 분향소에 들어가자마자 250명에 달하는 교복을 입은 앳된 학생들의 사진이 한눈에 들어왔다. 믿기지 않는 엄청난 사실에 가슴이 저려왔다. 저 사진이 영정사진이 될 줄을 누가 알았겠는가.

나는 영정 하나하나를 주의 깊게 보면서 조문객 행렬의 뒤를 따라가고 있었다. 각 영정사진 밑에는 가족과 친구들이 속히 돌아오길 바라거나 명복을 비는 짧은 글을 적은 '포스트잇'이 겹겹이 붙어 있었다. 나는 온갖 비리종합세트의 결과로 빚어진 이 대참사에 대한 울분을 애써 참으며 눈물을 닦았다.

그때였다. 한 남학생의 영정 앞에 멈췄다. 엄마가 매일매일 오셔서 붙이고 간 포스트잇의 글귀가 가슴을 울렸다. 기억을 더듬어보면 다음과 같은 내용이었다.

"○○야, 너 어제 집에 안 들어왔어. 연락도 없이 말이야."

"○○야, 오늘도 안 들어왔구나. 허락도 없이 외박하면 엄마에게 혼난다. 아무 말 안 할 테니, 오늘을 꼭 들어와야 해."

"○○야, 너 혼나야겠구나. 휴대폰도 꺼 놓고. 며칠째인 줄 아니. 그래, 다 용서하고 이해한다. 네가 원하는 것 다 해줄게. 어서 와."

"○○야, 어제도 안 들어왔구나. 엄마는 현관에서 인기척 소리에 귀를 기울이다 잠을 못 자고 있단다."

말없이 외출한 아들을 야단치는 것에서 시작하여 아들이 돌아오기를 애절히 기다리는 엄마의 마음을 읽을 수 있었다. 이 모자에 대해 아는 정보는 포스트잇 글귀 밖에는 없으나, 나의 청소년 상담치료 경험을 바탕으로 상상력을 동원하여 이 엄마를 치유하는 글을 써 보겠다.

사춘기 아이와 사추기 엄마의 갈등

세월호 사망 학생의 부모들이 겪는 심리적 외상은 특히 크다. 생애 발달 주기로 봤을 때 고등학생은 그들의 부모와 심리적으로 분리하여 정체성을 확립하는 시기이다. 이 과정에서 그들과 부모 사이의 갈등은 불가피하다. 아버지보다 엄마와 갈등이 더 많은 것은 모성이 부성보다 더 진해 강한 애착을 가지고 있기 때문이다.

엄마 역시 중년의 나이를 맞이하면서 그들의 자녀를 분리·독립시켜야 하는데, 이 과정에서 엄마가 오랫동안 사용한 모성 기능을 서서히 내려놓아야 한다. 사춘기 아이는 부모에게서 나오면서, 사추기(갱년기) 엄마는 아이를 내보내면서 혼란을 겪는다. 이 과도기적 주기에서 모자 간의 갈등은 다른 어느 때보다도 크다. 정신분석가 도널드 위니캇은 청소년의 무의식에는 부모 살해 욕망이 있다고 했다. 심리적으로 부모를 죽여야 그들이 심리적인 어른이 된다는 것이다. 10개월 동안 자식을 품은 엄마는 아버지에 비해 자식을 내려놓는 일이 상대적으로 힘들다. 끔찍한 싸움이 시작된다.

자식과 큰 갈등 후에 뒤돌아선 엄마는 죄책감을 가진다. 아침에 일어나 학교 가는 일도 전쟁인 집이 많다. 일어나라, 조금만 더, 그러다가 지각한다, 지각 안 해, 벌점 받으면 생활 기록부에 기록된다, 이런 식으로 화를 주고받는다. 엄마는 자식을 학교에 보내놓고 다짐한다. 오늘은 아들이 학교에서 돌아오면 잘해줘야 겠다. 아들의 입장에서 이해해줘야지. 이 결심은 반나절을 못 간다. 아들은 집에 들어오자마자 컴퓨터 게임에 빠진다. 밥 먹으라는 엄마의 앙칼진 목소리도 못 듣는다. 심하면 밥을 컴퓨터 책상으로 가져다 달라고 한다. 수능시험은 가까워 오는데 책은 한 자도 보지 않는다. 그렇지 않으면 스마트폰만 만지작거린다.

이쯤이면 화를 안 낼 엄마는 없다. 엄마의 목소리에 따라 아들의 목소리도 올라간다. "너 그래 가지고 어떻게 대학에 들어가겠어. 도대체 정신이 있는 거니 없는 거니?" 엄마의 말이 맞긴 하지만, 이 말을 듣는 아들의 마음도 답답하다. "누구는 공부하기 싫어서 안 하나. 공부가 안 되는데 어쩌라고?"

다음 날 아들은 수업에 집중 못하고 야간 자율학습 시간에 책상에 엎드려 잠만 잤다. 그런 자신의 모습이 싫다. 교과 진도가 나갈수록 불안하다. 공부하면 될 거 아니냐고 어른들은 쉽게 이야기하지만, 그렇게 말하는 어른들도 그래서 공부했다면 지금의 모습은 아닐 거다.

성적 좋은 상위권 학생을 제외한 다수의 학생들에게 고등학교는 고통학교다. 집에서 제일 먼저 나가서 자정을 넘긴 시간에 들어온다. 한국의 고등학생은 사람이 하는 그 이상의 일을 해내고 있다. 며칠 전 세상을 떠난 세계적인 미래학자 앨빈 토플러Alvin Toffler는 이렇게 말했다. "한국의 학생들은 학교와 학원에서 미래에 필요하지 않을 지식과, 존재하지도 않을 직업을 위해 하루 열다섯 시간 이상을 낭비하고 있다."

그렇다 해도 그 열다섯 시간의 승자는 웃는다. 다수의 패자는 자포다. 학교에서 모의고사 성적을 받은 아들은 집으로 들어갈 용기가 없다. 야간 자율학습을 마치고 아들은 몇몇 친구들과 함께 곧바로 PC방으로 직행했다.

학교생활에 잘 적응하지 못하여 밖으로 도는 자식과 이를 염려하는 엄마. 이 둘은 서로 상처를 주고받는 불쾌한 언쟁을 반복한다. 하지만 시간이 지나면서 둘의 관계도 변화한다. 아들의 경우 '자아'의 기능을 담당하고 있는 전두엽의 발달과 사고의 변화로 서서히 현실적 판단을 한다. 엄마도 아들에 대한 과도한 기대를 내려놓고 점점 현실적 기대를 가진다. 혹은 엄마도 몰입할 다른 일을 가진다. 이렇게 사춘기 자녀와 엄마와의 관계는 조금씩 갈등에서 우호적인 관계로 바뀐다.

극단을 찍으면 서서히 내려오는 것이 순리이다. 인생사가 그렇다. 불안과 조급증이 순리를 역리로 만든다. 시간이 의사이다. 이 시기에 부모나 교사가 서툰 의사가 되어 어설픈 처방을 내리고 일방적인 치료를 강행한다면 병은 더 악화된다. 자식이 사춘기인 때야말로 자연 치유력을 믿어야 하고, 그것이 최선이다. 청소년기의 홍역을 앓고 있다고 생각하면 된다. 시간이 지나면 모자는 함께 변한다.

자식의 고통을 생생하게 끌어안는 세월호 엄마들

세월호 엄마들은 어떤가? 희생 당한 학생들은 수능을 앞둔 고등학교 2학년이다. 엄마는 아이들보다 더 불안하다. 불안한 학생과 불안한 엄마 사이의 팽팽한 줄 당기기, 대한민국 교육정책이 만들어낸 불행이다. 양쪽이 줄을 놓고 화해의 손을 잡기도 전에 한쪽이 사고로 생명을 잃었다. 엄마의 죄책감은 크다. 살아있을 때 조금이라도 더 잘해줄 것을, 공부에 대한 압력을 하지 말 것을, 저 하고 싶은 대로 해보라고 자유롭게 놓아줄 것을, 당신이 뭘 잘못해서 그런 일이 일어난 것 같다.

엄마의 각박한 모습을 내려놓기도 전에 자식이 먼저 세상을 떠났다. 자식 잘 되라고 했던 그동안의 말들이 비수가 되어 엄마의 가슴으로 되돌아온다. "이렇게 일찍 떠날 줄 알았다면 함께 있을 때에 따뜻한 말 한마디 더 해주고, 맛있는 음식 한 번 더 만들어 줄 것을!"

아버지는 이성적 판단을 한다. 그래서 엄마보다는 쉽게 잊을 수 있다. 그러나 엄마의 마음은 아니다. 10개월을 품은 애착을 남자들은 이해 못 한다. 그 경험을 엄마는 자식과 동일시한다. 이 동일시의 능력이 모성이고, 핏덩이는 모성으로 성장한다. 아들이 세상을 떠난 지금, 자신의 일부가 떨어져나간 슬픔을 엄마는 감출 수 없다.

모자관계가 회복되기 이전에 겪은 자식의 사망은 수술 받는 도중 또는 수술을 다 마치고 봉합하기 전에 사고가 터져 수술이 중단된 것과 같다. 마취에서 깨어나서 미봉합된 살점이 찢겨나가는 아픔, 세월호 엄마들에게는 그런 아픔이 집단적으로 있다.

심장병을 가진 고등학교 2학년 아들이 심장마비로 돌연사하여 슬픔에 빠진 엄마를 상담한 적이 있다. 엄마의 아픔은 한 마디로 요약된다. "제가 욕심만 안 냈다면, 아들은 심장병에도 걸리지 않았을 거예요." 가지고 태어난 병도 엄마 때문이 된다. 왜? 세상에 나오기 전에 엄마가 품었으니까. 남편의 말이다. "이 사람은 아들에게 잘했어요. 그 정도 잔소리는 자식 키우는 엄마라면 누구나 할 수 있는 것이었어요."

'포스트잇 엄마'는 아들이 전화도 없이 외박하여 화났다. 그러나 점차적으로 그 원인을 자신에게 돌리면서, 그동안 해주지 못했던 것을 다 해주겠다며 돌아오리라는 희망을 가졌다. 아마도 평소 모자관계에서 종종 일어난 일인듯싶다. 말 안 듣는 사춘기 아들에게 화내고, 다시 말 안 듣는 원인을 자신에게 돌려 아들을 보상하려는 행위 말이다.

그때는 살아있는 아들에게 필요한 것을 해주면서 엄마의 죄책감을 보상할 수 있었다. 지금은 그 대상을 상실했으니 아픔을 엄마가 고스란히 져야 한다. 엄마는 사고 직전에 아들에게 있었던 일을 자신이 당한 일처럼 생생하게 상상하고 괴로워했다.

아들은 난생 처음 하는 제주도 여객선 여행을 앞두고 들떠 있었다. 푸른 바다를 배경으로 갑판에서 사진을 찍어 엄마에게 전송했다. 배가 흔들리기 시작하자 놀라긴 했어도 별 일은 없을 거라 했다. "가만히 있으라"는 선내 방송이 그들을 안심시켰으니까. 배에 물이 들어올 때는 불안했지만, 설마 그 물이 함께 탄 친구 모두를 덮칠 거라고는 상상도 못했다. 객실 유리창 밖에는 해경선도 와 있었으니 곧 구조될 거라 생각했다. 그러나 물의 수위가 가슴 위까지 올라오면서 사태가 심각함을 인식하고 극도의 불안이 엄습해왔다. 어른들을 원망했다. 그리고 마지막 5분, 죽음과 사투하다가 나비가 되어 하늘로 올라갔다.

"얼마나 불안했을까. 얼마나 두려웠을까. 얼마나 추웠을까. 얼마나 원망했을까." 엄마는 아들이 느낀 죽음의 고통보다 더 큰 고통을 오랜 시간 동안 자기 것으로 한다. 그렇게라도 해야 아들의 고통을 더는 거다.

그렇다. 사고에는 원인이 있으나 슬픔에는 원인이 없다. 사고의 원인이 밝혀진다고 슬픔이 없어지는 것은 아니다. 슬퍼하는 사람에게 슬픔의 이유를 묻지 말라. 이성은 슬픔을 이해 못 한다. 이해 못하는 것을 이해하는 척, 위로하려고도 말라. 그저 옆에 있어 주는 것으로 족하다. 함께 슬퍼하고 우는 것 이상은 없다.

깊은 우물로까지 가닿는 애도는 트라우마 치유의 시작이다

엄마는 울어야 한다. 엄마는 동물적 본성으로 핏덩이 자식을 키웠다. 그런데 예측 불허의 인재로 아들이 죽었다. 사별에 대한 준비도 없었다. 엄마는 다시 동물적 본성을 사용하여 울어야 한다. 그렇게 해서라도 이 사실을 하늘에 알려야 한다. 그게 죽은 자식에 대한 도리이다.

그런데 재벌 2세가 이런 일련의 상황을 보고 "국민정서가 미개하다" 하여 물의를 일으켰다. 그리고 서울 강남의 한 대형교회 목사가 가진 자에게 아첨이라도 하려는지 "잘못된 말이기는 하지만 틀린 말은 아니다"라며 발언을 지지했다. 당시 한국기독교총연합회 부회장은 "가난한 집 애들"이라고 한술 더 떴다. 정말 미개한 건 그들이었고, 마음이 가난하지 못한 배부른 목사들의 형편없는 발언이었다.

슬픔이 응고되면 마음에 딱딱한 고체를 만든다. 그 고체는 무거운 마음의 병이 된다. 한이 많이 쌓인 사람은 가슴에 돌덩이가 하나 들어와 죄 없는 가슴만 주먹으로 두드린다. 그 돌덩이는 울지 못해 고체로 남아있는 슬픔이다. 애절하게 바닥을 치는 울음으로 고체는 액체가 된다. 그게 눈물이다. 슬픔의 덩어리가 눈물이 되는 신비는 애통하게 울어본 사람만 안다. 무조건 울어라. 땅이 슬퍼 지진이 일어날 때까지 울어라. 하늘도 애통하여 비를 내릴 때까지 울어라. 그날 자식을 잃은 엄마들이여, 땅이 갈라지고 하늘도 열릴 때까지 울어라.

사람이 한평생 살면서 겪는 모든 슬픔에는 그 슬픔을 이길 치유력도 함께 내재되어 있다. 치유력은 울음이란 매개를 통해 약효를 발휘한다. 울음은 가장 깊은 것의 표현이다. 가장 깊은 것은 주관적인 것이다. 슬프지 않은 사람이 팔짱 끼고 훈수 두는 것은 고문이다. 그들이야말로 스스로 무지하다는 것을 증명하고 있다.

마음의 원칙은 물리적 원칙과 반대인 것이 많다. 우물가에 빠진 사람은 우물에서 꺼냄으로 구조된다. 그러나 마음의 우물에 빠진 사람은 먼저 그 우물 깊이로 들어가야 한다. 내려가서 바닥까지 쳐야 제대로 올라올 수 있다. 그리고 나서야 압도적 감정에서 나와 이성의 조명을 받는다. 자신의 현 위치를 이해하고 해야 할 일을 찾을 수 있다.

이 기간이 대략 40일이다. 구약성경은 슬픈 일이 생기면 40일을 슬퍼하는 애도 과정에 대해 말한다. 예수님의 40일 광야 시험도 어떤 의미에서는 세상적인 것들과 사별하는 일종의 애도 과정이라 할 수 있다. 불교 장례 의식에서 사후 40일은 죽은 자의 영을 달래는 매우 특별한 의미를 가진다. 심리학적으로 40일은 마음에서 일차 정화과정이 일어나는 기간이다. 이때에 떠난 자와 생전에 있었던 기억들을 가급적 많이 회상해서 말로 표현하고 슬퍼해야 한다.

세월호 엄마들은 자식들에게 걸었던 기대와 절망, 기뻤던 일과 화난 일, 보람과 죄책감 등을 구체적인 이야기로 기억에서 꺼내야 한다. 이때는 좋았던 일마저 눈물이 된다. 그러면서 마음에만 살아있는 '심리적 현실'과 서서히 거리를 두게 되고, 그 대상도 흐릿해진다. 심리적 현실이란 객관적 사실과 구별된 것으로 본인의 심리에서만 사실이 되고 있는 것을 말한다. 세월호 아이들은 떠났지만 그들 부모의 심리적 현실에는 아들이 살아있다. 애도를 통해서만 떠나보낼 수 있다.

그러나 세월호 같은 무방비 상태의 대형 인재 사건인 경우에는, 게다가 그 피해자가 사춘기 자녀들인 경우에는 40일로 부족하다. 일정 기간이 지나도 슬픔의 동굴을 빠져나오지 못하고 그 슬픔이 심리적·신체적 증상으로 나타난다면, 피해자와 피해자 가족은 외상 후 스트레스 장애PTSD: Post Traumatic Stress Disorder를 치료 받아야 한다.

편하게 울게 해드리는 것은 치료의 시작이다. 심리 전문가를 찾아가서라도 울어야 한다. 같은 피해자 가족끼리 하는 집단치료는 큰 도움이 된다. 그러나 보다 근본적인 해결은 시간이 한다. 아무리 고통스러운 일도 시간이 지나면, 그 기억은 따뜻한 인간상을 만드는 데 기여한다.

산 자들을 위로하는 죽음에 대한 연구

모든 사별에 있어서 죽음에 대한 인식은 매우 중요하다. 죽음 인식은 그가 삶을 대하는 가치관과 연결되어 있다. 육체적인 죽음이 모든 것의 끝이라는 유물론적인 입장을 가진 사람이 있다. 죽음 이후의 세계와 영혼을 중요시하는 종교적 내세관을 가진 사람도 있다.

특정 종교의 입장을 피하고 보다 객관적인 죽음 분야 전문가의 연구 결과를 소개한다. 《인간의 죽음》, 《사후생》, 《죽음과 죽어감》을 쓴 임종 의학자 엘리자베스 퀴블러 로스Elizabeth Kubler Ross는 임사 체험을 바탕으로 죽음에 대한 의미 있는 연구 결과를 밝혔다. 그녀에 의하면 죽음 직후의 사자의 상태는 지상에서 경험할 수 없는 말할 수 없는 평화로움이다. 죽음 직후에는 공중에 떠서 자신의 죽음을 슬퍼하는 가족을 보는데, 어떤 사자는 자신이 죽었다는 사실을 깨닫지 못하는 경우도 있다고 한다. 그들은 이것이 죽음이라면 지상으로 돌아가고 싶지 않는다고 한다. 산 자가 이 사실을 믿을 수 있다면 많은 위로가 되지 않을까.

엘리자베스 퀴블러 로스의 연구 대상은 임사 체험자들이었고, 그들은 죽음의 초입에서 다시 지상으로 돌아왔기에, 그녀의 연구는 죽음 초입 상태에 한정되어 있다. 그녀의 진술을 바탕으로 볼 때 인간의 죽음은 육체의 죽음이고 영은 존재하며, 죽음은 말로 다 표현할 수 없는 평화의 세계이다.

나의 분석심리학 세미나에 참석한 한 박사과정 학생도 이와 유사한 증언을 했다. 어렸을 때의 일이었다. 강가에 빠졌는데 거기서 나오려고 발버둥을 쳤다. 모든 몸부림이 허사였고 결국 강바닥에 가라앉았다. '이게 죽음이구나' 하고 생각하는 순간 이상하게 마음이 평화로웠다고 한다. 이대로 죽고 싶다는 생각이 들 정도로. 그러나 구사일생으로 구조되어 덤으로 얻은 인생이라 하여 지금은 사회복지사로 일하고 있다.

죽음에 대한 체험적이고 의미심장한 많은 보고서들은 이미 책으로 출판되어 있다. 이런 많은 보고와 연구 결과를 토대로 종교학자 최준석 교수는 《너무 늦기 전에 들어야 할 죽음학 강의》를 썼다. 이 책은 죽음 초입뿐만 아니라 그 이상의 보다 상세한 정보를 여러 사례와 보고, 연구 결과 등을 바탕으로 소개하고 있다. 이 책에 의하면 갑작스러운 사고 등으로 죽음 직전에 엄청난 육체적 고통이 예상되는 경우 영이 먼저 육을 빠져나간다고 한다. 육이 죽기 전에 영이 먼저 나간다는 추측은 구전으로도 회자되고 있다. "죽어가는 사람 앞에서 말 함부로 하지 마라. 다 알아듣는다"는 말은 육에서 빠져나온 영이 임종을 지켜보는 가운데 사람들이 하는 말을 듣는다는 믿음에서 비롯된 것이다.

이 책에서는 세월호 아이들에 대한 간단한 언급이 나온다. 부모들은 죽음 직전에 자식이 겪었을 극한 불안과 두려움 때문에 고통스러워하는데, 이 분야 보고에 의하면 죽음 직전에 영혼이 나와 신체적 극한 고통은 피했을 것이라 한다. 이것을 과학적으로 검증하기는 힘들지만 믿을 수만 있다면 자식을 떠나보내는 일이 한결 쉬워지지 않을까. 이 책은 죽음에 대한 그 이상의 이야기도 언급하고 있는데, 대부분 초자연세계에 대한 이야기들이고 종교에 따라 관점의 차이가 있을 수 있기에 더 이상의 자세한 설명은 생략한다. 관심 있는 분들에게는 일독을 권한다. 더 궁금하신 분들은 그 책에서 소개하고 있는 여러 다른 자료들을 참고하시기 바란다.

찬란히 피어오를 아이들의 꽃

'못다 핀 꽃'이란 말은 살아있는 사람의 아쉬움을 표현한 것에 불과하다. 먼저 간 사람이나 나중에 간 사람이나 그가 펴야 할 꽃은 반드시 핀다. 3차원의 세계에 있는 우리들이 잘 모를 뿐이다. 세월호 아이들아, 너희들의 꽃은 이미 너희들의 죽음을 애도하는 대한민국 모든 사람들의 마음속에 만개하였다. 너희들은 서둘러 빨리 필 또 다른 꽃을 준비하기 위하여 먼저 갔을지도 모른다. 어디선가 그들은 보상을 받았을 것이고, 새로운 차원으로 승화될 것이다. ✳

사랑을 다시 배운
'엄마라는 아이'

누구나 될 수 있지만, 아무나 할 수 없는 엄마로서의 먼 길을 당신은 힘겹게 달려왔습니다. 지금도 가야 할 길은 아직 많이 남아 있을 겁니다.

이 책을 쓰면서 엄마의 역할은 가히 신의 경지가 아닐까 하는 생각을 하곤 했습니다. 신적인 능력이 있어서가 아니라 연약한 여성으로서 신이나 할 수 있는 큰일을 해내고 있기 때문입니다.

인간은 제 몸 하나 추스르기도 힘든 존재입니다. 그럼에도 자신보다는 자식과 가정을 위해 아낌없이 사랑을 퍼붓고 생명을 돌봐온 엄마들은 모신 혹은 모성의 광기를 지녔다 해도 지나치지 않습니다. 우리는 모두 그러한 모성의 광기 속에서 자라났습니다.

그러나 자식을 위해 전적으로 희생하던 모성의 광기는 때가 되면 '엄마라는 아이'에게 자리를 내어주어야 합니다. 이 책을 쓰면서 엄마가 모성의 짐을 덜어내는 일은 생각보다 가까운 곳에 있고 어렵지 않다는 것을 발견했습니다.

엄마는 자녀와 함께하는 존재입니다. 자녀와의 관계 설정을 어떻게 하느냐가 엄마의 행복에 절반 이상 기여한다는 것을 여러 사례로 소개했습니다. 그 방법을 한 문장으로 압축하면 이렇습니다.

"때가 되면 미련 없이 자녀를 분리해내고, 그 다음에는 당신 자신의 목소리를 들으세요."

"행복의 조건은 채우는 것이 아니라 비우는 것이다." 인간은 조건이 많을수록 불행해지고, 조건이 적을수록 행복해지는 존재입니다. 이 평범한 진리 하나 깨닫는 데도 수십 년이 걸립니다.

엄마와 자녀와의 관계도 이와 같습니다. 엄마의 마음속에서 자녀에 대한 집착을 서서히 덜어냄으로, 마침내 자녀가 나와 상관없는 나의 자식이라는 경지에 이를 때 엄마는 새롭게 태어납니다. 어려운 것 같으나 할 수 있는 것부터 찾아보면 길이 보일 것입니다. 너무 어렵게 느껴진다면 그 기준을 지나치게 높게 잡은 것은 아닌지 생각해보아야 합니다.

엄마가 아닌 아버지가 감히 엄마에 대한 글을 쓰는 일이 쉽지는 않았습니다. 저의 의견에 동의할 수 없고, 이해할 수 없는 부분도 있을 것입니다. 양해를 구합니다. 어떤 경로를 통해서든지 조언을 주신다면, 이후 저술에 반영하겠습니다.

준비 없이 엄마로 살아가는
모든 여성을 위한 마음 수업

엄마라는 아이

1판 1쇄 인쇄 2016년 12월 16일
1판 1쇄 발행 2016년 12월 23일

지은이 박성만
펴낸이 고영수

경영기획 이사 고병욱
기획편집1실장 김성수 **책임편집** 김경수 **기획편집** 허태영
마케팅 이일권, 이석원, 김재욱, 곽태영, 김은지 **디자인** 공희, 진미나, 김경리 **외서기획** 엄정빈
제작 김기창 **관리** 주동은, 조재언, 신현민 **총무** 문준기, 노재경, 송민진

펴낸곳 청림출판(주)
등록 제1989-000026호

본사 06048 서울시 강남구 도산대로 38길 11 청림출판(주) (논현동 63)
제2사옥 10881 경기도 파주시 회동길 173 청림아트스페이스 (문발동 518-6)
전화 02-546-4341 **팩스** 02-546-8053

홈페이지 www.chungrim.com
이메일 cr2@chungrim.com
페이스북 https://www.facebook.com/chusubat

ⓒ 박성만 2016
ISBN 979-11-5540-090-6 03180